BIBLIOTECA DELLA RICERCA
fondata e diretta da GIOVANNI DOTOLI

TRANSATLANTIQUE
diretta da GIOVANNI DOTOLI e RALPH HEYNDELS

3

L'INVRAISEMBLANCE DU POUVOIR

Mises en scène
de la souveraineté au XVIIe siècle

Textes réunis par

JEAN-VINCENT BLANCHARD
et HÉLÈNE VISENTIN

SCHENA EDITORE
PRESSES DE L'UNIVERSITÉ DE PARIS-SORBONNE

© 2005
Schena editore, Viale Nunzio Schena 177 - 72015 Fasano (Br - Italia)
Tel. (00).39.080.44.14.681 - Fax (00).39.080.44.26.690
www.schenaeditore.com

ISBN 88-8229-570-2

Presses de l'Université de Paris-Sorbonne
Point de vente :
8 rue Danton - 75006 PARIS (France)
Tél. 00.33.(0)1.53105760 - Fax 00.33.(0)1.53105766
e.mail : pups@paris4.sorbonne.fr
Diffusion/distribution : Centre interinstitutionnel pour la diffusion :
131 boul. Saint-Michel - 75005 PARIS (France)
Tél. 00.33.(0)1.43544715 - Fax 00.33.(0)1.43548073

ISBN 2-84050-419-7

à Françoise Siguret

REMERCIEMENTS

La journée d'étude *L'Invraisemblance du pouvoir* s'est tenue à Swarthmore College, le 21 septembre 2002. Nous remercions pour leur soutien généreux M. Kenneth Wynn et la Fondation Cooper.

La publication des actes a été rendue possible grâce à une subvention des fonds pour la recherche de Swarthmore College et de Smith College.

Le travail d'Hélène Visentin pour la préparation des actes a eu lieu dans le cadre d'une subvention du Conseil de recherches en sciences humaines du Canada (Groupe de recherches sur les entrées solennelles).

Nous exprimons toute notre gratitude à Messieurs Giovanni Dotoli et Ralph Heyndels pour avoir accueilli ce volume dans leur collection.

JEAN-VINCENT BLANCHARD
(Swarthmore College)

HÉLÈNE VISENTIN
(Smith College)

INTRODUCTION

LA SOUVERAINETÉ EST-ELLE UNE POÉTIQUE DE L'EXCEPTION ?

Le thème qui rassemble les articles suivants est né, en premier lieu, d'une réflexion sur la poétique de Corneille, selon qui « le sujet d'une grande tragédie doit n'être pas vraisemblable » (« Avis au lecteur » d'*Héraclius*). Il précise, dans le premier de ses *Discours* : « Les grands sujets qui remuent fortement les passions, et en opposent l'impétuosité aux lois du devoir, ou aux tendresses du sang, doivent toujours aller au-delà du vraisemblable [1] ». Les grands sujets, dans le contexte théâtral du XVIIe siècle, concernent le plus souvent la représentation de souverains. Dès lors, on peut se demander comment les passions qui motivent la tragédie révèlent les lois de leur devoir. Étudier l'invraisemblance du conflit tragique permettrait de saisir, comme en contrechamp, la nature de la souveraineté.

Mais les choses ne sont pas aussi simples. Un héros tue sa sœur sur scène, de manière invraisemblable mais croyable. Que faut-il penser du roi qui pardonne ensuite à ce héros sa faute au nom de l'intérêt supérieur de l'État ? À l'invraisemblance du meurtre répond un acte aussi extraordinaire à première vue : la décision de faire une exception, de ne pas respecter les lois du devoir qui commandent aux rois de châtier

---

[1] PIERRE CORNEILLE, *Œuvres complètes*, Georges Couton (éd.), Paris, Gallimard (Bibliothèque de la Pléiade), 1987, vol. III, p. 118.

les meurtriers. Or, Corneille – dont on aura ici, bien sûr, reconnu *Horace* –, ou même ceux qui l'ont critiqué, n'a jamais évoqué le jugement du roi Tulle parmi les raisons qui expliquent la « froideur » du cinquième acte[2]. Au contraire, Corneille considère que ce roi est digne et qu'il agit « comme roi ». Faut-il alors penser que l'invraisemblance de la représentation tragique révèle parfois ce qui serait l'une des prérogatives du souverain, le *droit à l'invraisemblance* ? Pour préciser notre problématique, examinons plus en détail l'un des aspects les plus fascinants de la réflexion politique de la Renaissance et de l'âge baroque, la définition de l'autorité du souverain comme effet de représentation.

La souveraineté dans l'ordre des apparences politiques

On a dit avec raison que la notion de souveraineté est plus pertinente que celle d'absolutisme pour définir le pouvoir politique au XVIIe siècle[3]. De cette notion, les juristes et les philosophes au service de la dynastie des premiers rois Bourbons, ou ceux opposés à leur politique, proposèrent diverses interprétations. Mais sa formulation décisive et originale par Jean Bodin, alors que la France est déchirée par les Guerres de religion, c'est-à-dire au moment où il semble impératif de donner de nouveaux fondements à l'autorité, notamment en ce qui concerne les situations extraordinaires, est essentielle et connut une grande fortune[4].

Dans *Les Six Livres de la République* (1576), ce juriste définit l'État par rapport à l'autorité de son chef. Cette autorité doit être « absolue et perpétuelle », redevable de personne, in-

---

[2] « Examen » d'*Horace*, dans *Œuvres complètes*, éd. citée, vol. I, 1980, p. 839 : « Tous veulent que la mort de Camille en gâte la fin, et j'en demeure d'accord ».

[3] FANNY COSANDEY et ROBERT DESCIMON, *L'Absolutisme en France : histoire et historiographie*, Paris, Éditions du Seuil (Points Histoire), 2002, p. 40.

[4] Vingt-cinq éditions françaises furent publiées entre 1576 et 1641.

dépendante de toute condition, ce qui comprend les propres
lois édictées par le souverain : « Le prince souverain peut dé-
roger aux lois qu'il a promis et juré de garder, si la justice
d'icelles cesse, sans le consentement de ses sujets[5] ». Or, le
souverain doit tenir compte des lois divines et naturelles.
Mais, comme le remarque Pierre Mesnard, le souverain ne répond de ses actions que devant Dieu, et il existe des situations
où la sauvegarde de l'État et le bien public exigent une dérogation des lois, mêmes divines et naturelles.

> En théorie, la justice parfaite et la volonté du prince coïnci-
> dent pleinement. Mais c'est à la volonté du prince que le sujet
> doit obéissance. Il doit donc en exécuter les commandements
> sans rien y objecter, persuadé que la justice est satisfaite : ce
> n'est pas à lui d'en connaître. C'est au souverain seul à mettre
> d'accord ses édits et les exigences d'une suprême équité.
> L'autorité ne lui a été confiée par Dieu que pour bien en
> user : s'écarter du divin modèle est donc une affreuse usurpa-
> tion que la Providence céleste ne peut manquer de châtier
> avec la sévérité nécessaire[6].

La souveraineté exige que les sujets s'en remettent à l'autorité
de leur gouvernant, avant celle de Dieu, dans la mesure où
c'est Dieu qui leur a donné leur chef. Il ne leur appartient pas
de mettre en cause l'autorité du souverain, même si celui-ci
semble agir de manière qui semble illégale ou immorale.

Une telle conception de l'exception juridique renvoie, bien
entendu, à la réflexion sur la raison d'État. À la Renaissance
et pendant la première moitié du XVIIᵉ siècle, le problème
des rapports entre l'exercice du pouvoir, la morale et le droit
exerça une grande fascination sur Juste Lipse, Pierre Charron,

---

[5] JEAN BODIN, *Les Six Livres de la République*, Paris, Fayard (Corpus des
œuvres de philosophie en langue française), 1986, p. 194.

[6] PIERRE MESNARD, *L'Essor de la philosophie politique au XVIᵉ siècle*,
Paris, Librairie philosophique J. Vrin, 1977, p. 493. « Aussi serions-nous ten-
tés de donner à cette doctrine, pour la différencier du réalisme empirique de
Machiavel, le nom de RÉALISME INTÉGRAL, marquant par là l'apparition et
l'intégration des forces morales, avec leurs caractères spécifiques, dans le
champ de la Politique » (p. 543).

et tant d'autres[7]. On peut légitimement affirmer que la considération de ces rapports constitue l'un des principaux aspects
de la définition de la souveraineté[8]. Dans ses *Considérations
politiques sur les coups d'état* (1639), Gabriel Naudé écrit :

[7] Parmi de nombreuses références, voir les travaux de Michel Senellart :
(éd.), *La Raison d'État : politique et rationalité*, Paris, Presses universitaires
de France, 1992 ; (éd.), *Raison et déraison d'État*, Paris, Presses universitaires de France, 1994 ; *Les Arts de gouverner : du* regimen *médiéval au
concept de gouvernement*, Paris, Éditions du Seuil, 1995.

[8] C'est aussi cette capacité à décider de l'exception qui est au cœur de la
célèbre et sulfureuse définition de la souveraineté par Carl Schmitt, dans *Théologie politique*, 1er chap., Jean-Louis Schlegel (trad.), Paris, Gallimard, 1988.
Quoique la souveraineté de l'Ancien Régime ne puisse se définir comme le droit
de suspendre les libertés garanties par une constitution, vu qu'il n'existe pas de
constitution à proprement parler en cette période, les analyses du juriste allemand n'en restent pas moins suggestives pour la période qui nous intéresse. Il se
réclame lui-même de Bodin dans le livre cité. Le droit, comme le rappelle Carl
Schmitt, n'existe que dans le contexte d'une société ordonnée, et il revient au
souverain de décider que l'ordre existe. Dans l'ordre même du discours, et c'est
ce que le texte de Schmitt semble indiquer, le droit serait fondé sur la violence
non seulement en vertu d'une nécessité – toute société laissée à elle-même est
chaotique –, mais il supposerait l'exercice de la force *de facto*, dans l'acte même
qui l'instaure. D'ailleurs, combien de lois, de nos jours, ne sont-elles pas nées
d'actes volontaires de désobéissance civile ? La loi serait à l'origine un droit
d'exception, et la violence lui serait immanente. Curieusement, Jacques Derrida
rejoint Schmitt à ce sujet (quoiqu'avec un projet tout différent !) : « La
justice – au sens du droit (*right or law*) – ne serait pas simplement mise au service d'une force ou d'un pouvoir social, par exemple économique, politique,
idéologique qui existerait hors d'elle ou avant elle et auquel elle devrait se plier
ou s'accorder selon l'utilité. Son moment de fondation ou d'institution même
n'est d'ailleurs jamais un moment inscrit dans le tissu homogène d'une histoire
puisqu'il le déchire d'une décision. Or l'opération qui revient à fonder, à inaugu-
rer, à justifier le droit, à faire la loi, consisterait en un coup de force, en une violence performative et donc interprétative qui en elle-même n'est ni juste ni injuste ». JACQUES DERRIDA, *Force de loi : le « fondement mystique de l'autorité »*,
Paris, Galilée, 1994, p. 32-33. Si bien que la déconstruction *est* la justice. Ce
livre de Jacques Derrida est en grande partie consacré à un texte séminal dans la
réflexion sur le droit, la *Critique de la violence* de Walter Benjamin. Pour un
commentaire croisé du texte de Walter Benjamin et de la *Théologie politique* de
Carl Schmitt, voir GÉRARD RAULET, *Le Caractère destructeur : esthétique, théologie et politique chez Walter Benjamin*, Paris, Aubier, 1997, p. 88-99. Sur la
violence originaire de l'autorité et des lois, voir les développements foucaldiens
de Giorgio Agamben, dans le premier chapitre de *Homo Sacer : le pouvoir souverain et la vie nue*, Paris, Éditions du Seuil, 1997.

[La raison d'état est un] *excès du droit commun à cause du bien public*, d'autant que cette dernière définition étant plus spéciale, particulière et déterminée, l'on peut au moyen d'icelle distinguer, entre ces premières règles de la fondation des empires, lesquelles sont établies sur les lois et conformes à la raison ; et ces secondes que Clapmarius appelle mal à propos, *Secrets des Empires*, et nous avec plus de raison, *Maximes d'État* ; puisqu'elles ne peuvent être légitimes par le droit des gens, civil ou naturel ; mais seulement par la considération du bien, et de l'utilité publique, qui passe assez souvent par dessus celles du particulier[9].

La raison d'État n'est pas forcément indentifiable à la tyrannie, quoiqu'en disent ses détracteurs[10]. Elle constitue une sorte de « tyrannie légitime », justifiant la dérogation aux lois civiles et coutumières, voire divines et naturelles, en cas de nécessité pour la principauté. En définitive, la raison d'État semble plutôt mal nommée, car elle ne connaît pas de raisons à proprement parler, hormis celle de l'utilité publique. Un Ludovico Zuccolo, par exemple, se garde bien d'énoncer spécifiquement les critères qui justifient la raison d'État, ou encore de décrire les moyens de la pratiquer, alors même qu'il cherche à la définir[11]. Sa validité est toute entière liée aux circonstances. Si la raison d'État signale l'avènement d'une conception moderne de l'autonomie de la sphère politique, elle ne signifie

---

[9] GABRIEL NAUDÉ, *Considérations politiques sur les coups d'états*, Frédérique Marin et Marie-Odile Perulli (éds.), Paris, Les Éditions de Paris, 1989, p. 98.

[10] *Ibid.*, p. 92.

[11] LUDOVICO ZUCCOLO, « Della ragione di stato », dans *Politici e moralisti del Seicento*, Benedetto Croce et Santino Caramella (éds.), Bari, Laterza et fils, 1930, p. 38 : « Ma l'insegnar ex professo i modi e i mezzi d'operare per ragione di stato ne' rei governi è opera non da uomini onorati ma da scrittori iniqui ed empi, come il Machiavello e i seguaci suoi ». *Cf.* la tentative d'Arnold Clapmar (1574-1604) dont parle Mario Turchetti dans *Tyrannie et tyrannicide de l'Antiquité à nos jours*, Paris, Presses universitaires de France, 2001, p. 497-501 ; ainsi que JULES MAZARIN, *Bréviaire des politiciens*, François Rosso (trad.), Paris, Arléa, 1997, texte qui fait du ministre un machiavélien au sens commun du terme.

pas non plus que cet État est une entité définie hors de toutes considérations morales ou religieuses. En témoigne le fait qu'elle représente un aspect important de la théorie politique du cardinal de Richelieu, alors qu'on peut difficilement mettre en doute la conscience religieuse de ce ministre[12].

Ce réalisme nécessaire même au prince chrétien doit, au-delà de l'œuvre de Bodin, beaucoup à Machiavel. Certes, *Le Prince* est souvent rejeté sans réserves comme un manuel de tyrannie[13]. Mais les leçons du Florentin n'en sont pas moins écoutées au XVIIᵉ siècle : dans leur lucidité, elles sont indispensables à ceux qui s'intéressent à la réalité du pouvoir. On peut lire, au chapitre XVIII du *Prince* :

> Il n'est donc pas nécessaire pour un Prince d'avoir toutes les qualités décrites plus haut, mais il est nécessaire de paraître les avoir. Même, j'irais jusqu'à dire que s'il les avait et s'il les observait toujours, elles lui porteraient préjudice. C'est en paraissant les avoir qu'elles sont utiles ; ainsi de paraître clément, fidèle, humain, intègre, pieux, et de l'être ; mais avoir l'esprit tourné de telle sorte que, s'il faut ne pas l'être, tu puisses et tu saches te changer en l'exact opposé. [...] Ainsi, il faut qu'il ait l'esprit disposé à se tourner dans le sens que commandent les vents de fortune et les variations des choses, et, comme je l'ai dit plus haut, ne pas s'écarter du bien s'il le peut, mais savoir entrer dans le mal, s'il y est contraint[14].

Un prince qui satisferait aux règles civiles et morales serait vite renversé ; mais Machiavel suppose aussi, ailleurs, qu'un

---

[12] Voir l'ouvrage classique de WILLIAM F. CHURCH, *Richelieu and Reason of State*, Princeton, Princeton University Press, 1972.

[13] EDMOND M. BEAME, « The Use and Abuse of Machiavelli : The Sixteenth-Century French Adaptation », *Journal of the History of Ideas*, vol. XLIII, n° 1, 1982, p. 33-54 ; PAUL VALADIER, *Machiavel, ou la fragilité du politique*, Paris, Éditions du Seuil (Essais), 1996, p. 85.

[14] NICOLAS MACHIAVEL, *Le Prince*, Thierry Menissier (éd.), Paris, Hatier, 1999, p. 81. Voir CLAUDE LEFORT, *Le Travail de l'œuvre : Machiavel*, Paris, Gallimard, 1986, p. 413 : « Cette bonté-là compose encore avec son contraire, elle n'est que l'heureux moment d'une coïncidence de fait entre l'être et le paraître, où ne s'efface nullement leur différence ».

prince qui serait un tyran absolu, et qui ne devrait sa sécurité qu'à une troupe de mercenaires, serait aussi dans une position de danger permanent et insoutenable. On peut donc suivre Mario Turchetti en affirmant que pour Machiavel la tyrannie est une « tendance nécessaire » de la politique, vu la nature corrompue des hommes[15]. Le point central de l'analyse de Machiavel est que le prince doit assurer sa survie en inspirant la crainte, mais aussi en étant garant de bénéfices pour la cité ou l'État[16].

Cependant, le texte de Machiavel que nous avons cité montre aussi que l'équilibre des avantages et des désavantages que représente le gouvernement du prince ne peut se comprendre qu'à travers la perception qu'on en aura. Le monde des machiavéliens est fait d'apparences, et, comme l'indique Claude Lefort, leur maître à penser « interroge le paraître dans la certitude que le prince n'existe que pour les autres, que son être est *au-dehors*. Sa critique se déploie dans le seul ordre des apparences[17] ». Pour les critiques du machiavélisme « vulgaire », cette définition de la politique est une invitation à la fraude. Et il est vrai qu'au premier degré, l'apparence est pure mensonge : par exemple, un prince organise des fêtes somptueuses pour donner l'illusion que l'État est prospère,

---

[15] Mario Turchetti, *op. cit.*, p. 355.

[16] Ce qui semble alors séparer Machiavel d'un Bodin, c'est que le premier autorise le prince à profiter de l'État à titre personnel, dans la mesure où ses délits ne mettront pas en doute sa sécurité, et où les avantages de son gouvernement pourront détourner l'attention de ces infractions à la loi, alors que l'auteur de *La République* ne voit que la nécessité du bien public comme justification de la dérogation des lois. Tant chez l'un que chez l'autre, les valeurs spécifiques de la politique n'en restent pas moins au centre de l'analyse de l'autorité. On peut d'ailleurs se demander si le réalisme de Machiavel ne doit pas être compris comme une rhétorique destinée à réformer le tyran, comme celle pratiquée par Xénophon dans son traité *Hiéron, ou de la tyrannie*. Ce dialogue est reproduit dans Léo Strauss, *De la Tyrannie*, Hélène Kern (trad.), Paris, Gallimard (Tel), 1954, p. 9-38. Voir Quentin Skinner, *Machiavel*, Michel Plon (trad.), Paris, Éditions du Seuil (Points), 2001. Ou peut-être s'agit-il de conseils destinés justement à dénoncer la vraie tyrannie, à la manière de ceux que pratique Aristote dans sa *Politique*.

[17] Claude Lefort, *op. cit.*, p. 408.

alors que ses coffres sont vides. Mais l'apparence du souverain est aussi l'effet de la modération qu'il montre dans l'exercice de son pouvoir. Si l'État est effectivement prospère, et que cette richesse rejaillit sur les particuliers – ce que le gouvernement publiera avec diligence –, on oubliera que le prince a œuvré pour son intérêt personnel. Si la cruauté qu'il montre envers ses ennemis est suivie par la paix, il pourra encore passer pour un bon prince.

Il faut donc que le souverain soit lion et renard à la fois, ce qui suppose de manipuler les apparences, car il n'existe rien d'autre dans le monde du politique. Ce travail du souverain sur son image est facilité par le fait que la masse de ses sujets veut croire en un prestige de la souveraineté, et se laisse facilement aveugler, ou du moins convaincre par la rhétorique du pouvoir, ce que l'on désigne comme la *majesté*. « Chacun voit ce que tu parais, peu ressentent ce que tu es ; et ce petit nombre n'ose pas s'opposer à la majorité qui a la majesté de l'État derrière elle [18] ».

À bien des égards, Machiavel est suivi dans cette opinion sur la valeur superficielle de l'autorité par Montaigne et Pascal. Dans les *Essais*, on peut lire que

> les loix se maintiennent en crédit, non parce qu'elles sont justes, mais parce qu'elles sont loix. C'est le fondement mystique de leur autorité, elle n'en ont poinct d'autres […]. Quiconque leur obeyt parce qu'elles sont justes, ne leur obeyt pas justement par où il doibt [19].

C'est-à-dire que le crédit, l'image que la loi possède tient moins de sa justice inhérente que de ses applications particu-

---

[18] Nicolas Machiavel, *op. cit.*, p. 82. Comme le dit Claude Lefort, il est vrai que les hommes « ne support[ent] pas la vue du mal et que cette répugnance les lie dans le mythe de la majesté de l'État, fournissant ainsi la condition de leur coexistence politique » (*op. cit.*, p. 422).

[19] Michel de Montaigne, *Les Essais*, Pierre Villey et Verdun L. Saulnier (éds.), L. III, chap. 13, Paris, Presses universitaires de France (Quadrige), p. 1072.

lières dans l'histoire, des personnages qui l'ont invoquée, du prestige qui entoure ceux qui l'appliquent, de la pompe des tribunaux, ou simplement de son ancienneté. L'autorité et le droit sont affaire de réputation, comme l'aura qui entoure les monarques. C'est dans cet esprit, nous semble-t-il, que Pascal développe sa réflexion sur la justice et la force :

> Il est juste que ce qui est juste soit suivi ; il est nécessaire que ce qui est le plus fort soit suivi. La justice sans la force est impuissante, la force sans la justice est tyrannique. La justice sans force est contredite, parce qu'il y a toujours des méchants. La force sans la justice est accusée. Il faut donc mettre ensemble la justice et la force, et pour cela faire que ce qui est juste soit fort ou que ce qui est fort soit juste. [...] Et ainsi ne pouvant faire que ce qui est juste fût fort, on a fait que ce qui est fort fût juste. (L103)[20]

Comment peut-on, de l'idée d'une force tyrannique sans la justice, en arriver à l'idée d'une force qui est juste sans vraie justice ? Implicite dans ce raisonnement de Pascal est l'idée que le peuple désire être séduit par l'image du pouvoir, et que pour satisfaire ce désir, il se laissera facilement convaincre par une rhétorique qui associe de manière fallacieuse la justice avec la force.

Étant donné la nature des sujets qui sont aliénés par les apparences, l'exercice du pouvoir exige que chacun de ses jugements soit guidé par une « casuistique », ce qui, en fin d'analyse, fait de la souveraineté un discours rhétorique. Dans la pensée de Ludovico Zuccolo, que nous avons déjà évoquée, politique et rhétorique sont étroitement associées, suivant Aristote.

> La ragione di stato è di due sorti : l'une che insegna I mezzi atti per introdurre e per conservare la forma della Republica, e l'altra che gli mette in opera, Ma, conosciuta l'una, non è difficile l'intender l'altra, si come, conosciuta l'essenza della re-

---

[20] BLAISE PASCAL, *Pensées*, Louis Lafuma (éd.), Paris, Éditions du Seuil (L'Intégrale), p. 509.

torica, si può agevolmente conoscere quella dell'arte oratoria. E, per contrario, dal ben sapere la natura dell'arte retorica con poca fatica si può della retorica comprendere l'essenza. La ragione di stato, che corrisponde alla retorica, sarà un'arte o facoltà di conoscere i mezzi e i modi atti ad introdurre in uno stato e conservar qualsivoglia forma di republica. E quella, che risponde all'arte oratoria, non sara altro che un arte o facoltá di mettere in opera si fatti mezzi e modi[21].

Comme nous l'avons remarqué, cet auteur ne décrit pourtant pas la raison d'État. Il s'agit d'une performance rhétorique, c'est-à-dire une représentation circonstanciée, destinée à persuader, et dont on ne peut rendre compte. L'autorité politique s'élabore alors qu'elle se fait, elle est moins technique que le fruit de la technique, ou moins ensemble de préceptes qu'œuvre d'art. Cette œuvre, le P. Dominique Bouhours, dans *Les Entretiens d'Ariste et d'Eugène* (1671), la comprend d'ailleurs comme étant le fruit du goût – et d'une *virtù*, pour reprendre le vocabulaire de Machiavel – qui relève du *je ne sais quoi*[22]. Cette performance, si elle réussit, ressortit de la vraisemblance (ou du moins du vraisemblable extraordinaire), qui est le critère de vérité du discours rhétorique et politique.

La souveraineté est-elle une poétique de l'exception ?

Si le souverain est celui qui décide de l'exception (Carl Schmitt), que sa décision se situe dans l'ordre du vraisemblable extraordinaire, et que d'une manière générale sa majesté relève du *miracle* politique, il nous a semblé intéressant de rassembler un groupe de chercheurs pour discuter d'une no-

---

[21] LUDOVICO ZUCCOLO, *op. cit.*, p. 29-30.
[22] DOMINIQUE BOUHOURS, *Les Entretiens d'Ariste et d'Eugène*, Paris, Bossard, 1920, p. 171-172 : « C'est quelque fois un faible dans la politique d'avoir trop de pénétration et trop de lumière : tant de biais et tant de jours différents dissipent l'esprit et nuisent souvent à l'exécution : le temps d'agir se passe à délibérer ».

tion herméneutique formulée de manière paradoxale : l'invraisemblance du pouvoir. Et ce d'autant plus que l'exception politique se révèle aussi dans ses excès et ses faillites, lorsque la décision du souverain est injustifiable, tenant alors de la tyrannie, ou bien lorsqu'elle échoue dans ses effets. C'est là, peut-être, une manière stratégique de comprendre le pouvoir, car la raison d'État est souvent invisible, non pas tant parce qu'elle se dissimule dans le secret des cabinets, mais parce que l'éclat de la majesté la voile. Lorsqu'elle réussit dans ses objectifs, elle risque d'échapper à la connaissance et à la raison. Pour parler des fondements du pouvoir souverain, il convient donc de s'interroger aux marges représentatives de son autorité pour en découper la figure à contre-jour.

La scène, au sens large du terme, serait-elle le lieu où la souveraineté se révèle comme performance, comme effet de représentation ? La question de la vraisemblance inscrit alors la réflexion sur l'autorité dans un vaste contexte culturel de discours et de pratiques : lieux communs d'une culture littéraire – avec ici, au premier chef, la théorisation historique de la vraisemblance en fonction de diverses notions, le possible, le nécessaire, l'opinion, l'extraordinaire[23] , codes sociaux de la bienséance mondaine, figures du genre féminin, théories de la perception visuelle, conditions matérielles de réception, histoire, rituels du pouvoir (entrées royales, fêtes de cour), mora-

---

[23] GEORGES FORESTIER, « Imitation parfaite et vraisemblance absolue », dans *Passions tragiques et règles classiques. Essai sur la tragédie française*, Paris, Presses universitaires de France, 2003, p. 89 : « Si, des deux propositions d'Aristote – le possible invraisemblable et l'impossible vraisemblable –, les théoriciens n'ont retenu que la seconde, au grand dam de Corneille, c'est en raison des fins à la fois rhétoriques et morales qu'ils assignaient à la poésie. Si le but de l'art est de purger le public de ses "passions vicieuses", il ne peut le faire qu'en utilisant des moyens qui *persuadent* le public de la probabilité de la fiction, et cette persuasion ne peut se faire que sur la base d'une absolue éviction du singulier et de l'irrégulier. Si donc cette rhétoricisation du poétique explique la primauté accordée au vraisemblable – en même temps que cette utilisation des termes rhétoriques de persuader, faire croire, etc. –, on voit qu'avec Chapelain et d'Aubignac on assiste à une sorte de "re-poétisation" de la représentation du réel [...] ».

le philosophique et religieuse, droit civil ou coutumier[24].
Certes, voilà un vaste sujet de recherche auquel les communi-
cations d'une journée d'étude ne pouvaient qu'apporter des
éléments de réponse. Mais leur valeur montre l'intérêt de cette
problématique. Nous remercions vivement les participants
d'avoir accepté de se prêter à un tel exercice de réflexion.

Le monde politique du XVIIe siècle était un théâtre. Pourquoi ne pas aller voir, d'abord, ce que sont les rois de
théâtre ? C'est dans cette direction que nous mène Christian
Biet. Situé dans le contexte socio-politique du lendemain des
Guerres de religion, son article rappelle combien le théâtre du
XVIIe siècle ne peut pas se réduire à l'idéal des « Classiques » : non pas théâtre de discours, mais théâtre d'action
qui ose montrer sur scène, aux yeux des spectateurs, les pires
atrocités. Plus particulièrement, sa contribution cherche à
« déterminer en quoi cet excès spectaculaire et sanglant vient
à la fois définir le rôle possible du souverain, [...] et exprimer, au travers des contradictions proposées par l'intrigue et
par les discours, un doute sur un monde apparemment
pacifié ». Informé par ses recherches sur les rapports du droit
et de la littérature sous l'Ancien Régime, Christian Biet nous
livre une fine lecture de *Scédase ou l'hospitalité violée*, pièce
d'Alexandre Hardy injustement délaissée par la critique. Cette

---

[24] Plus généralement, maintes représentations invraisemblables, si elles ne
décrivent pas directement le pouvoir, peuvent s'engager dans un jeu différen-
tiel avec les effets de ce pouvoir pour le mettre en relief, signalant ainsi des
stratégies de légitimation qui échappent à la traditionnelle allégorisation des
vertus royales. Cette hypothèse rendrait compte, par exemple, de la vogue des
contes de fées et de l'opéra vers la fin du règne de Louis XIV, dans le
contexte d'une topique épidictique où le roi est l'auteur d'exploits qui dépas-
sent l'entendement. Voir ANNE-ÉLISABETH SPICA, « Les rêveries du promeneur enchanté : symbole, allégorie et merveilleux dans le premier Versailles
de Louis XIV (1664-1683) », *XVIIe siècle*, n° 184, 1994, p. 444-445 : « Le
merveilleux vraisemblable sous les espèces duquel la fable est présente dans
les décors de Versailles sert de code de grandissement, et non pas d'indice
caché que les contemporains devaient saisir pour être pénétrés de la grandeur
royale trop terrifiante sans ce détour ».

tragédie se présente comme un véritable cas juridique avec
des victimes, des coupables, un plaideur et un juge, en l'occurrence représenté par le roi qui doit rendre la justice à propos d'un acte de violence exceptionnelle, ce dont il se montre
incapable. La mise en scène d'un procès se révèle un moyen
idéal pour interpeller le spectateur qui connaît la vérité – pour
avoir vu une scène de viol et de meurtre représentée sous ses
yeux – et le faire douter d'une autorité qui se satisfait du critère de vraisemblance juridique dans ses décisions. Comment
alors justifier la vraisemblance d'un monarque dont le rôle est
d'établir la justice et qui semble impuissant à le faire ? La tragédie montre la complexité de l'image du roi dont le rôle se
définit ici dans « l'excès ». La distance entre la scène et la
salle qu'instaure le spectacle tragique permet justement de
questionner la vraisemblance du pouvoir et de mettre en scène
la question de la légitimité du souverain. En fin d'analyse,
Christian Biet rejoint Walter Benjamin[25] dans l'idée que ce
théâtre de l'âge baroque, qui reflète un monde de la Chute,
met en doute la lisibilité par les hommes du dessein providen-
tiel et eschatologique de Dieu.

Si Christian Biet présente un roi impuissant, c'est au
contraire un roi surpuissant qu'analyse John D. Lyons à travers l'exemple de *Rodogune* de Pierre Corneille. À partir
d'une lecture originale de la tragédie cornélienne en regard
des *Pensées* de Pascal, il examine le concept de la tyrannie
qu'il définit comme « le pouvoir sans la vraisemblance ».
Pour cela, il établit un judicieux parallèle entre des exemples
de discours tyranniques, tout en menant une réflexion sur les
rapports entre vérité et vraisemblance qui existent tant dans la
conception de la tragédie cornélienne que dans l'apologétique
de Pascal. Pour ce dernier, ce que le peuple croit être la vérité
est ce qu'il croit par habitude, par coutume, ce que John D.
Lyons résume ainsi : « L'habitude sociale nous maintient dans

---

[25] WALTER BENJAMIN, *Origine du drame baroque allemand*, Sybille Mul-
ler (trad.), Paris, Flammarion, 1985.

le monde de la vraisemblance ». En matière de politique, Pascal met au jour la vraisemblance, moyen terme entre le *tout* et le *rien* s'opposant à la vérité qui peut être dangereuse dans la société. Pour garantir l'ordre social, il faut rester dans le vraisemblable car la vérité ébranle cet ordre et mène au désordre (guerre civile). Seuls le rebelle (Rodogune dans la pièce éponyme de Corneille) et le tyran (Cléopâtre dans la même pièce) « parlent en dehors du vraisemblable ». C'est à travers ces deux figures, et en particulier celle de la reine régente Cléopâtre qu'est analysée la tyrannie dans une pièce dont le sujet semble de prime abord invraisemblable.

À partir de quatre tragédies cornéliennes (*Le Cid*, *Horace*, *Cinna*, *Nicomède*), l'article de Bénédicte Louvat-Molozay présente une évolution de la position de Corneille à l'égard de la question de la vraisemblance. Dans un premier temps, pour souligner l'originalité du dramaturge sur cette question, Bénédicte Louvat-Molozay rappelle que la notion de vraisemblance telle qu'elle se trouve développée dans la théorie de la poétique classique (élaborée par l'abbé d'Aubignac) n'est pas fondée en raison, mais sur le goût et l'expérience du spectateur. D'après une idéologie qui prône une « moralisation de la scène », d'Aubignac proscrit, par exemple, la représentation d'un mauvais roi – « le dramaturge doit conformer sa représentation du pouvoir à l'image que le peuple en a ou, plus exactement à l'image qu'il doit en avoir » –, condamnant ainsi l'*Œdipe* de Corneille qui propose une image invraisemblable de la figure royale.

Prenant le contre-pied de la conception de la vraisemblance du sujet tragique chez d'Aubignac, un bon sujet de tragédie est aux yeux de Corneille justement immoral, au sens où il doit être contraire aux convenances, aux mœurs contemporaines pour susciter l'intérêt et l'admiration du public. L'horreur des faits peut être croyable dans la mesure où elle est légitimée soit par l'Histoire, soit par la légende. Si la théorie de d'Aubignac et celle de Corneille se définissent toutes deux sur le plan de la réception, il reste que le premier considère comme un fait acquis la faible capacité intellectuelle et affective du spectateur, alors que le second s'adresse à un spectateur intelligent, capable de dominer le sujet de la tragédie qui se déroule sous ses yeux. Dans un deuxième temps, Bénédicte Louvat-Molozay montre comment la tragédie cornélienne se plie aux modalités de la constitution du sujet et de ses infléchissements par rapport au postulat selon lequel les plus beaux sujets tragiques sont au fond invraisemblables. Le parcours ainsi tracé révèle de façon surprenante comment Corneille passe de l'invraisemblance du pouvoir au pouvoir d'une invraisemblance morale « positive ». Si *Le Cid* et *Horace* présentent une forme d'invraisemblance (liée à la conduite des personnages) « cautionnée par le pouvoir politique », dans la mesure où c'est l'autorité du roi qui permet de légitimer une conduite jugée immorale, dans *Cinna*, et surtout dans *Nicomède*, on voit comment le dramaturge propose un type de tragédie différent et encore plus original en ce qu'il est fondé sur le vraisemblable extraordinaire de l'héroïsme.

Dans la deuxième partie, les contributions de Derval Conroy et de Ralph Heyndels traitent aussi du théâtre, mais dans la perspective des rapports entre les sexes. La contribution de Derval Conroy, qui porte sur la souveraineté féminine – la gynécocratie –, examinée à la lumière du traitement dramatique de trois figures historiques, Élisabeth, Nitocris et Pulchérie, pose deux questions : comment concilier en un même personnage la représentation de la femme et celle du souverain ? Et comment exposer sur la scène de théâtre l'image de la souveraine féminine dans une monarchie astreinte à la loi salique ? Si dans la réalité la souveraineté féminine est invraisemblable (car comment accepter qu'un homme soit assujetti au pouvoir féminin ?), il n'en va pas de même dans le théâtre français, où mettre en scène une femme souveraine est un sujet intéressant qui soulève un enjeu de taille : comment en effet convaincre avec vraisemblance de la légitimité de la souveraineté féminine ?

Pour répondre à ces questions, Derval Conroy analyse des tragédies de La Calprenède, Du Ryer, Regnault, Boursault,

Pierre et Thomas Corneille, et révèle les modifications, les infléchissements, les rectifications auxquels ont procédé ces dramaturges pour rendre vraisemblable un sujet qui est *a priori* invraisemblable. La première partie de son article montre que si le traitement diabolique du personnage d'Élisabeth est conforme à la perception qu'en avait plusieurs de ses contemporains, il n'en va pas de même des passions incontrôlables que les dramaturges qui ont traité le sujet lui attribuent, car il s'agit de toucher le spectateur en exposant une héroïne qui, au centre d'un conflit entre l'amour et le devoir, se laisse emporter par l'amour au risque de perdre le contrôle du gouvernement. Il en ressort qu'Élisabeth « est plausible en tant que femme amoureuse […] mais elle ne l'est pas en tant que roi ; elle est un *invraisemblable roi* ». Cependant, la *Nitocris* de Du Ryer, publiée en pleine Fronde, présente un personnage possédant toutes les caractéristiques du souverain idéal, en vertu de son célibat. Du Ryer propose ainsi une idée androgyne de la souveraineté. Quant à sa *Pulchérie*, en introduisant un épisode amoureux et en présentant une impératrice beaucoup plus jeune, Corneille permet à l'héroïne éponyme « de subvertir le patriarcat ». De manière générale, les dramaturges infléchissent le caractère de leur personnage pour le rendre moins invraisemblable, même si pour ce faire il faut s'écarter de la vérité historique. En prônant la virginité du personnage ou le célibat, la souveraineté féminine est vraisemblable, mais dès lors que les passions l'emportent sur le gouvernement, la gynécocratie apparaît comme invraisemblable. Pour être crédible la souveraine féminine ne peut être que vierge ou célibataire.

Ralph Heyndels, en considérant la « configuration agonistique » de *Bérénice* de Jean Racine, ou encore les structures de sa « cohérence organique », notamment par un relevé lexical et par la mise en valeur des figures du double dans les relations entre les trois personnages principaux – Bérénice, Titus et Antiochus –, nous parle d'un homotexte, de la relation particulière qui existe entre les personnages de Titus et d'Antiochus. Selon Racine, les deux rivaux *s'aiment*. Rien ne vient spécifier la nature de cette relation, c'est-à-dire que rien n'en empêche toutes les possibilités. Pourtant, il ne s'agit pas ici de mettre au jour, de révéler, ou d'interpréter une relation illicite. Une telle attitude face au texte relèverait d'un *outing* impensable au XVIIᵉ siècle, vu l'inexistence de la notion d'homosexualité, du moins telle qu'elle existe aujourd'hui dans le sillage d'une psychologie toujours placée sous le régime freudien de l'*aveu*. Il s'agit plutôt de présenter ce qui est l'évidence même, mais que les régimes discursifs de la critique ne peuvent que manquer, particulièrement à cause d'un présupposé de vraisemblance qui opère moins de façon positive, en motivant la tragédie, que dans la manière dont il marginalise certaines significations. La vraisemblance se justifie d'une invraisemblance qui est son effet, tout en agissant comme un leurre qui l'occulte. Finalement, l'homotexte pourrait peut-être se lire dans les évitements de la critique qui se réfléchissent « sur l'écran de la phobie, l'explicitation déviée, expulsée, exilée, dans l'ombre ainsi créée, d'un homotexte implicite qui, sans la projection d'une telle angoisse, apparaît au contraire d'une très grande *clarté* », mais surtout par rapport aux invraisemblances politiques de la pièce, et enfin, paradoxalement, dans celles de la lecture qui nous est ici offerte.

Enfin, c'est de la ville comme théâtre des effets du pouvoir dont il est question dans la dernière partie de ce volume. Marie-France Wagner étudie la question de la majesté telle qu'elle est mise en scène dans l'un des principaux rituels où s'affirme l'ordre monarchique, l'entrée royale, alors que Daniel Vaillancourt s'intéresse à la notion de la police urbaine et mondaine. Le premier article nous invite donc à quitter la scène de théâtre pour descendre dans la rue, où marche le roi en majesté lors de son entrée dans la ville. Cette cérémonie constitue, avec le lit de justice, le sacre, et les rites funéraires, l'une des pratiques symboliques qui définit la souveraineté des rois de France. Le rituel de l'entrée royale établit un lien physique entre le souverain et ses sujets et raffermit la légitimité du pouvoir monarchique, en même temps qu'il reconnaît les prérogatives municipales. Après avoir mis en valeur la signification de ce cérémonial figé dans une tradition et une symbolique, Marie-France Wagner réfléchit, dans la deuxième partie de son article, au rapport entre vérité et fiction dans la relation chargée de conserver la mémoire de l'événement, en soulignant les enjeux posés par la mise en récit du pouvoir royal. À la fin de la Renaissance, la relation de la reconnaissance mutuelle des prérogatives lors de l'événement cède la place à une description hyperbolique du pouvoir absolu ; en même temps, les récits d'entrées « deviennent des livres écrits et signés par des auteurs reconnus, des poètes, donc en quelque sorte institutionnalisés », si bien que la mise en texte de l'événement répond alors à des contraintes discursives et internes au récit qui motivent sa vraisemblance autant que sa vérité comme document historique. Dès lors, la relation est bien un monument dans la mesure où l'entrée royale n'est plus que le prétexte à une mise en scène textuelle de la souveraineté.

Consacrée à deux relations d'entrée – l'une de Henri IV à Bourges, l'autre de Louis XIII à Angoulême –, la troisième partie de son article met en relief la fonction particulière des relations qui s'imposent comme des textes-monuments se substituant à l'événement, et dans les cas précis analysés ici, à un événement qui n'a effectivement pas eu lieu. Ces relations énoncent des faits contraires à la vérité, décrivent en fin de compte de faux événements – il s'agit bien de ce que l'on nommera plus tard un canular –, mais d'une manière si vraisemblable que l'on y croit. Comme l'explique La Mesnardière dans sa *Poétique* : « le faux qui est vraisemblable doit être plus estimé que le véritable étrange ». Au seuil du XVIIᵉ siècle, la relation d'entrée, devenue une œuvre de propagande institutionnelle, acquiert « une autonomie représentative » dont témoignent ces cas limites. Si à l'origine du rituel c'est bien la présence physique du roi auprès de ses sujets qui légitime la souveraineté, à l'âge classique le roi n'a même plus besoin d'être présent pour exhiber l'efficace de son pouvoir.

La contribution de Daniel Vaillancourt élargit de manière suggestive la perspective de notre volume en montrant que la

question de la vraisemblance est inséparable de celle de la police de l'Ancien Régime, signifiant l'ordre social et la civilisation de la collectivité. Les effets de cette police concernent directement la ville, qui connaît au XVIIᵉ siècle de grands changements. Par exemple, on rationalise son plan avec de grands
travaux d'urbanisme, on crée des services de voirie et, bien
sûr, on établit l'ordre au moyen d'une force policière. Par
ailleurs, la police des villes concerne aussi les comportements,
la politesse des mœurs, dans les salons. La ville est donc un
théâtre où les individus se doivent d'être bienséants, c'est-à-
dire vraisemblables[26]. La ville est une extension de la cour au
sens où le pouvoir y étend son emprise tant par la force que
par des « techniques » – au sens de Michel Foucault – dont
l'efficacité est d'autant plus grande qu'elles conditionnent les
individus de manière détournée, en leur donnant un rôle actif
dans leur discipline, et enfin en agissant sur leur corps.

La deuxième partie de cet article s'attache à étudier l'inscription de cette discipline des corps dans des mises en scène
fictionnelles et romanesques de la police urbaine. Le *Roman
bourgeois* d'Antoine Furetière représente des personnages qui
ne savent pas jouer leur rôle, ceux d'une classe bourgoise qui
se signalent par leur difficulté à assimiler les règles du comportement aristocratique. Daniel Vaillancourt montre que cette
invraisemblance de l'« homme amphibie » valide en retour
l'objectivité du narrateur, et rend son propre discours vraisemblable si bien que la description des erreurs de comportement
des « singes de la cour », par le biais d'une représentation de
l'écart, constitue des « types » qui sont une manière de policer
ces comportements. Toutefois, en regard du réalisme du roman
de Furetière, l'analyse de *Clélie* de Mademoiselle de Scudéry
invite à ne pas forcer l'image d'un pouvoir omniprésent et im-
placable dans ses effets. Le roman de la célèbre salonnière est
à juste titre considéré comme essentiel dans l'effort de civili-

---

[26] « L'air le plus conforme au rôle qui se présente et qui vient le mieux à
la personne qui le joue, est la principale cause de la bienséance », explique le
Chevalier de Méré (*Œuvres complètes*, Paris, F. Roches, 1930, vol. II, p. 20).

sation du XVIIe siècle, notamment parce qu'en furent extraites des conversations qui étaient à la fois des modèles de comportement ainsi que des sources de préceptes. Mais l'affrontement des héros Aronce et Horace dans *Clélie*, qui définit un écart par rapport à la norme, serait une figure positive de la subversion. Les écarts de ces personnages ne doivent pas être considérés comme des contre-exemples à discipliner, mais comme le signal que la politesse est moins un ordre qu'un pacte. En montrant qu'il n'y a qu'un pas de la bienséance à l'invraisemblance, tant dans la substance de son roman que dans sa forme, Madeleine de Scudéry dévoile la nécessité de l'ordre dans les relations humaines, les abus qui peuvent en découler sous le couvert de cet ordre, et l'idée que le non-respect du pacte social par un individu en fait un *ennemi*.

En somme, ces articles interrogent la fiction, que ce soit celle de la tragédie historique, des relations d'entrée royale, du roman héroïque ou comique, dans son rapport à la vérité, et répondent à la question suivante : comment rendre vraisemblable, possible et croyable l'invraisemblance du pouvoir ? Les lectures proposées par les auteurs de ce volume exposent de diverses manières des fictions qui « paraissent difformes à la Raison » (abbé d'Aubignac). Ces textes montrent aussi qu'il existe une raison du politique qui autorise le pouvoir à s'écarter de la vérité ou, au contraire, à exhiber, voire à constituer, cette vérité puisque, comme nous le rappelle Boileau, « le vrai peut quelquefois n'être pas vraisemblable ».

PREMIÈRE PARTIE

CHRISTIAN BIET

(Université Paris X-Nanterre)

LE SPECTACLE DU SANG, L'INCAPACITÉ DES ROIS ET L'IMPUISSANCE DU PUBLIC

Représentation de la souveraineté et spectacle violent dans les tragédies du tout premier XVIIe siècle.
Scédase d'Alexandre Hardy

Le vraisemblable tel qu'il apparaît dans la tragédie du début du XVIIe siècle n'est évidemment pas réglé comme on tenta de le faire ensuite, et renvoie à d'autres questions, contemporaines des spectateurs, et qui sont souvent partagées par les théâtres européens du temps, aussi bien pour leur manière de représenter les choses et les actions, que pour les réflexions axiologiques que ce type de théâtre propose. Ce théâtre, si souvent considéré par la critique française comme rude et archaïque, mais dont les branches espagnole, anglaise et allemande sont appréciées dans ces pays comme les plus beaux fleurons de leur théâtre national, malgré sa langue plus éloignée de la nôtre que celle de Corneille ou de Racine, a beaucoup de choses à nous apprendre, pose beaucoup de questions et avec beaucoup plus de profondeur qu'il n'est généralement convenu de l'admettre. La critique française, contaminée par des siècles d'admiration béate et respectueuse pour le mythe du classicisme, a peu à peu découvert Shakespeare, Marlowe, a rencontré Lope et Tirso sur le tard, mais n'a pas su voir combien le répertoire français de la même époque était riche. Il faut donc oublier à tout jamais le terme malheureux de « pré-classicisme » et même celui de « baroque », au sens français du terme, pour aller observer cet art neuf qui imagine, qui propose, qui joue de sa liberté et de sa diversité sans les contraintes – toutes relatives – qu'on verra ensuite. Il faudra peut-être alors reprendre le terme, un moment rejeté, de XVIIe siècle baroque, au sens où nos voisins

l'entendent, au sens où Walter Benjamin le définit, donc en
l'étendant sans nécessairement le confronter au classicisme, et
surtout sans penser qu'une période de suprême beauté va ad-
venir ensuite, et que ces tragédies n'en sont que le balbutie-
ment maladroit, ou le laboratoire confus.

Car ce moment théâtral des toutes premières années ou dé-
cennies du siècle figure l'avènement d'un art neuf, avec un public nouveau, enfin marque un phénomène social et une mise
en place de nouveaux lieux de sociabilité. La fin du règne de
Henri IV, la régence de Marie de Médicis et le début du règne
de Louis XIII sont en effet témoins de la renaissance de
formes de représentation que les opposants au théâtre n'atten-
daient pas et ne souhaitaient pas voir dans la ville, dans des
bâtiments et sur les ponts. Ces formes de représentation qui se
constituent peu à peu en genres et qui, grâce à leur plasticité,
savent emprunter à d'autres arts de la parole, dont celui de la
chaire et celui du barreau, et à d'autres arts représentatifs, dont
celui des ballets, des entrées et des divertissements royaux.
Ainsi, on sait bien en ce temps que pour figurer les rois, ou les
faire figurer dans des spectacles produits en l'honneur de leur
pouvoir, il faut de l'excès, et une attention toute particulière à
l'hyperbolisation de la figure du souverain. Il sera donc capital,
dans la tragédie, de figurer l'extrême visibilité du pouvoir à
travers des actions fortes, extraordinaires, qui saisiront l'attention du spectateur tout en respectant l'exceptionnalité des situations dans lesquelles les héros et les rois sont plongés. Car
pour figurer le pouvoir, il faut qu'il apparaisse dans toute sa
dimension, autrement dit, au théâtre, au cours d'une crise extraordinaire et d'une action, ou d'une série d'actions, excep-
tionnelles. Et s'il y a, à tous les niveaux de la représentation
du pouvoir, la nécessité de le représenter par l'hyperbole, ne
serait-ce que pour le conforter comme pouvoir actif et effectif,
la conséquence qui en dérive sera que la représentation frappante de ses crises sera hyperbolique et fondée sur l'excès.

Mais cet art spécifique de la représentation est ce qu'il est,
autrement dit un art de la mise en scène qui repose, à la faveur
d'un événement excessif et grave, sur un système de contradic-

tions dont l'intérêt se fonde sur la disposition contradictoire et dialoguée de positions elles-mêmes contradictoires, énoncées par des personnages au sein d'une linéarité complexe. Cette linéarité, parsemée de carrefours interprétatifs, d'énigmes, de doutes herméneutiques et de questions qui entretiennent l'attention du spectateur, est ainsi fondée sur le passage d'un ordre pacifique à un désordre violent et sanglant, puis, souvent (mais pas toujours) d'un désordre éclatant à un ordre qu'on espère pacifié (de la paix à la crise, de la crise à la catastrophe, et de la catastrophe au dénouement heureux), ou du désordre à deux ordres finaux opposés : celui de la terre, incertain, ou inexistant, dont on doit faire le deuil, et celui du Ciel où l'on peut se réfugier sans toujours savoir s'il est disponible.

L'impuissance d'Hercule

La tragédie soulève le voile de l'État, met le spectateur et le lecteur en position d'observation à proprement parler « politique » tout en privilégiant l'intérêt et la surprise qu'il y a à pénétrer la conduite des rois, des princes et des héros, et les tragédies d'Alexandre Hardy et de ses contemporains « irréguliers » n'échappent pas à cette définition. Directement liées à la fin des Guerres de religion et au règne d'Henri IV, elles semblent même relever la plupart des cas hyperboliques marquant les transgressions, les erreurs, les horreurs dont sont capables les héros et les souverains et représenter toutes les difficultés qu'ils ont à affronter. En n'oubliant pas que cette tragédie dite « baroque » (on peut légitimement s'interroger sur cette désignation) s'intègre dans un mouvement général touchant l'esthétique (les histoires « sanglantes » ou « tragiques » ont bien des choses à voir avec la tragédie de ce temps[1]) et dans

---

[1] Voir THIERRY PECH, *Conter le crime : droit et littérature sous la Contre-Réforme : les histoires tragiques (1559-1644)*, Paris, H. Champion, 2000 ; SYLVIE ROBIC-DE BAECQUE, *Le Salut par l'excès : Jean-Pierre Camus (1584-1652). La poétique d'un évêque romancier*, Paris, H. Champion, 1999.

un mouvement européen plus vaste (théâtre anglais d'une part, et théâtre contre-réformiste espagnol et allemand d'autre part), je chercherai à déterminer en quoi cet excès spectaculaire et sanglant vient à la fois définir le rôle possible du souverain, décrire la place du singulier dans ce monde de carnages abandonné de Dieu, sidérer le spectateur par un éblouissement de violence, l'intéresser par la représentation des mécanismes de la transgression (morale, politique, esthétique) et exprimer, au travers des contradictions proposées par l'intrigue et par les discours, un doute sur un monde apparemment pacifié, sur l'union mystique de l'État parfois ré-instituée dans les scènes finales, mais aussi sur la manière dont le souverain est véritablement ou vraisemblablement légitime et sur la validité des principes sur lesquels il s'appuie. L'invraisemblance du pouvoir serait-elle, en l'espèce, désignée comme telle et simultanément donnée comme existante, nécessaire ou irrémédiable ? Dès lors, comment, au nom de quoi, et au travers de quel(s) sacrifice(s) spectaculaire(s) peut-on réinstituer une souveraineté légitime ? Faut-il mettre le souverain en question, faut-il le sacrifier pour sauver la monarchie ? Faut-il convenir qu'il fonde son pouvoir à la fois sur la force nue, qui peut lui échapper s'il n'est pas assez fort ni assez puissant sur ses sujets, sur un droit qui n'a de validité que parce qu'il est vraisemblable et doit agir comme s'il était véritable, sur une apparence de toute-puissance vraisemblable à tout moment contestable et non sur une vérité transcendante ?

N'y a-t-il aucun espoir de vérité, voire de Salut, ni pour l'homme, ni pour son gouvernement, ou bien faut-il pleurer, faire le deuil de cette légitimité et déclamer une élégie finale renvoyant à une autre scène, celle de Dieu, seul capable d'exercer la justice ?

On le voit, ce système dramatique et représentatif n'a pas les mêmes qualités d'allégeance au pouvoir que les entrées, les ballets et les divertissements, dans la mesure où il n'intéresse pas seulement, comme ces genres encomiastiques, par sa faculté d'illustrer allégoriquement les vertus des souverains, mais parce qu'il intervient aussi pour dévoiler la complexité de leur image hyperbolique. Au lieu de figurer, avec toutes les images possibles, la représentation linéaire, multiple par ses figurations, mais monovalente d'un point de vue axiologique, du pouvoir donné comme plein et acteur de lui-même, au gré des victoires, des mariages et des grands événements du règne, la tragédie fournit l'image d'un pouvoir mis en question par les obstacles éblouissants, violents et excessifs (personnages, événements intra-personnels) qu'un souverain doit affronter au cours de l'intrigue. Dès lors, les fictions théâtrales des tragédies ne sont plus des instruments de représentation hyperbolique du pouvoir, mais des moyens virtuels d'en présenter le fonctionnement, de montrer les rouages des gouvernements, de pénétrer les secrets des princes, de dévoiler les passions extraordinaires auxquels ils sont sujets. On ne figure plus seulement l'apparence sensible et émouvante d'un monarque-Hercule gaulois, mais on entame la représentation, à travers la distance analogique et le paravent du comédien, des souffrances d'Hercule, de ce qui le fait homme et de ce qui le distingue des autres hommes, moins héroïques, ou de ce qu'il a de commun avec eux. Bref, on évalue Hercule, et avec lui, les héros de la fable, les rois de l'histoire antique et les monarques modernes. Si bien qu'on en vient à poser la question essentielle qui est celle de savoir si celui qui tient tant à être figuré en majesté dans les entrées et les ballets mérite cette figuration et s'il ne peut pas être, dans certains cas représentés hyperboliquement, un tyran ou un roi impuissant. Dans cet effort de problématisation, on ira même jusqu'à représenter le fait que, puisque les héros sont ceux qui produisent des actions extraordinaires, ils sont à même d'être extraordinaires en tout, dans la vertu comme dans le vice, et qu'il devient alors légitime de représenter des faits qui choquent la vertu par l'excès dont ils témoignent afin d'en envisager les conséquences. La représentation du pouvoir peut alors échapper au souverain puisqu'elle est incluse dans une action spécifique qui ne se révèle plus uniquement et simplement adéquate à la représentation du roi en majesté. En d'autres termes, le roi, extraordinairement, souffre, hésite, est mis en doute, et doit vaincre tout cela pour être roi (ou pour ne pas être un tyran), sans nécessairement qu'une fin heureuse soit programmée pour le tableau final, car il faut que le spectateur, lui-même, extraordinairement, hésite, souffre, craigne, ait pitié, et ne soit pas certain d'un triomphe, *a fortiori* si l'auteur tragique dénie cette fin heureuse en supprimant ou en contestant le retour à l'ordre.

Si le roi, pour être roi dans les entrées et dans les ballets, doit être vraisemblable, c'est-à-dire adéquat à Hercule, à Persée, aux autres héros de la mythologie, ou aux bergers de *L'Astrée*, il sera donc, dans les tragédies, comparable aux héros de l'histoire et de la fable, mais endossera aussi leurs malheurs, dans une autre vraisemblance. À ceci près que cette vraisemblance-là, plus complexe et bien plus émouvante, peut se révéler dangereuse à ceux qui l'utilisent. Ainsi, afin que les tragédies n'aillent pas explicitement contester le pouvoir qui les protège, la main qui les nourrit ou le bras qui les tolère, elles insisteront nécessairement sur la distance qui sépare la guerre lacédémonienne de la France d'Henri IV, et installeront un rapport de vraisemblance doublé d'une clause ou d'une condition exceptionnelle. C'est ce double système qui empêchera une adéquation trop claire entre le roi de Sparte et celui de Navarre (et de France), mais c'est aussi ce double système qui entraînera les spectateurs à faire eux-mêmes le lien, en observant la logique de la pièce, la vraisemblance qu'elle construit, et la manifestation brutale et excessive de la vérité qui en appelle à leurs émotions.

La tragédie, qui prend aux arts encomiastiques de la représentation vivante des allégories et des motifs, parfois même des personnages qui leur permettent de figurer le roi en majesté, déplace le système analogique et joue non plus sur la simple adéquation, mais sur la distance qu'il implique. Si bien que la tragédie s'appuie non sur le résultat de l'analogie mais sur le principe de la mise en rapport, en marquant la distance que le spectateur peut, à son gré, et au gré des ses émotions et de ses convictions, renforcer ou effacer.

Le théâtre de l'excès

C'est dans ce contexte et en considérant à la fois la nécessité de l'excès d'une action comme motif central de la tragédie et la liberté encore possible d'inventer ou de proposer de nouvelles formes ou de nouvelles dispositions pour la dramaturgie tragique qu'il convient de reposer la question de la vraisemblance. Non en l'érigeant à partir d'arguments ou de théories *a posteriori*, mais en fonction de ce que le concept implique au début du XVIIe siècle. On verra ainsi, qu'à condition de puiser dans des *exempla* historiques, religieux ou mythologiques marquants et marqués par leur excès violent, on pourra mettre en place une représentation des passions extraordinaires et des questions que les souverains se posent. On aboutira alors, *via* la figuration de cas qui sont autant de virtualités du pouvoir et d'obstacles possibles et/ou attestés auxquels il est confronté, à des intrigues saisissantes par leur excès et leur spécificité violente. Il faut que tout cela soit infiniment visible, spectaculaire, surprenant et propre à faire jouir le spectateur du nouveau spectacle citadin qu'est le théâtre[2]. Car il faut que tout soit d'abord action avant d'être discours, ce qui est nouveau. Les actions, en cela, ouvrent les portes d'un théâtre projectif qui accumule les faits extraordinaires, les viols, les meurtres, les batailles et les suicides, qui propose des actions éblouissantes ou terrifiantes afin de fasciner et de faire réfléchir sur les cas figurés. Les faits sont ainsi reliés le long d'une chaîne de causes et d'effets qui ne vont pas nécessairement vers une vraisemblance étriquée, mais qui s'ordonnent en fonction de l'impact émotionnel qu'on souhaite procurer au spectateur et qui l'entraînera, de manière urgente et parfois angoissante, à exercer son jugement. Toutefois, cette disposition n'est pas aléatoire : il ne s'agit pas d'empiler des crimes pour le simple plaisir de la représentation de l'excès, mais d'imaginer une li-

---

[2] Voir CHRISTIAN BIET, « Naissance sur l'échafaud ou la tragédie du début du XVIIe siècle », dans *Naissances*, Éric Méchoulan (éd.), Presses de l'Université de Montréal, à paraître.

néarité ponctuée de moments forts qui nécessairement, ouvrira sur un débat que les derniers actes mettront en scène. *Via* l'exercice épique du désordre du monde figuré par des cas et des conduites qui l'hyperbolisent et qui, littéralement, saisissent le spectateur – comme on est saisi par un spectacle et comme on saisit un juge d'instruction –, on sera nécessairement entraîné à commenter les catastrophes et à évaluer ce que le monde propose pour y pallier.

Et, plutôt que de choisir une pièce explicitement politique de Hardy, ou de tout autre auteur de ce temps [3], je prendrai, pour illustrer ce propos, une tragédie qui, centrée sur la représentation violente de crimes extraordinaires, mêle scrupuleusement l'histoire et la violence des passions, l'univers des rois et celui des manants, la violence sexuelle et sanglante et le règlement judiciaire, l'état de guerre et la volonté de paix, qui rend impuissants les rois à faire la justice et qui met finalement les spectateurs au défi de trancher au nom de leurs valeurs de référence.

La tragédie de l'état de guerre

Scédase ou l'hospitalité violée d'Alexandre Hardy (publiée en 1624, mais probablement écrite et jouée entre 1605 et 1615) est une tragédie topique du tout premier XVIIᵉ siècle : l'emploi du chœur, la structure dramatique, les personnages-types (le roi hésitant, le roi jugeant, les mauvais sujets cruels, le vieillard fuyant les forfaits futurs, les innocentes violées et assassinées, le père bon et souffrant incapable d'obtenir la justice, les conseillers du roi préservant l'état social plus que la

---

[3] On mettra cette recherche en rapport avec celle, menée sur *Les Portugais infortunés* de Chrétien-Nicolas des Croix, qui montre que ce théâtre politique de l'excès ne met pas seulement en question les rois, mais aussi la colonisation de la Contre-Réforme. Voir CHRISTIAN BIET et SYLVIE REQUEMORA, « L'Afrique à l'envers ou l'endroit des Cafres : tragédie et récit de voyage au XVIIᵉ siècle », dans Alia Baccar-Bournaz (éd.), *L'Afrique au XVIIᵉ siècle, mythes et réalités*, Tübingen, G. Narr Verlag, p. 371-402.

justice, le mélange des classes nobles et paysannes), les ruptures dans l'intrigue, les entrées et les sorties brutales des personnages et autres épisodes intervenant sans justification précise, les monologues lyriques, pathétiques et élégiaques, et
surtout la représentation de la violence sur scène, tout indique
que nous sommes à l'aube de la tragédie française, et tout
montre aussi que nous sommes dans cette période européenne
durant laquelle les règles dites classiques ne sont ni vraiment
formulées ni évidemment dominantes. Le système dramatur-
gique peut ainsi paraître « archaïque » et la notion de vraisemblance, telle qu'elle sera établie plus tard, n'y a point
cours. Pourtant, on verra qu'il y est bien question de vraisemblance et de vérité, mais dans un tout autre ordre que l'ordre
esthétique qui prévaudra dans *La Pratique du théâtre* du bon
abbé d'Aubignac.

On pourra aussi constater que, traités comme il convient à
l'époque, les problèmes posés par *Scédase ou l'hospitalité
violée* sont ceux qui obsèdent le XVIIe siècle puisqu'ils expri-
ment le lien entre l'histoire et les passions, ici l'histoire d'une
guerre entre Thèbes et Sparte, où l'on s'interroge sur l'oppor-
tunité, pour un paysan thébain, d'entretenir de rapports paci-
fiques et confiants avec l'ennemi, et sur les passions violentes,
sexuelles, des amis-ennemis, hôtes de passage à l'égard des
filles de celui qui pactise avec eux. Les violences de l'histoire, donc, sont le fruit des passions que le pouvoir impuissant
et sa justice réglée ne peuvent soumettre, et auxquelles les
hommes, dans leur particulier, sont soumis.

Ainsi, on devra s'interroger sur la possibilité vraisemblable, à partir du moment où la guerre existe, de tisser
d'autres liens que conflictuels, même si la vertu, l'hospitalité,
la chasteté existent comme principes, mais qu'ils sont de fait
si faibles et si vulnérables face à la force guerrière, sexuelle et
sanglante. À partir du moment où les passions guerrières et
sexuelles dominent le monde comme il va, est-il possible de
respecter la paix, ou la volonté de paix de ceux qui œuvrent
pour elle ou qui se veulent indifférents à la guerre ? La paix
peut-elle être un frein à l'inimitié des hommes et peut-elle

freiner les passions violentes au nom d'un autre ordre ? Est-il
possible, en d'autres termes, d'échapper aux horreurs de la
guerre dans une période où tout lui est soumis ? Ces problèmes, tout à fait contemporains à cette tragédie se redou-
blent alors d'une autre peur : celle de la corruption par les richesses, consécutive de l'état de désordre du monde. Lorsque
des jeunes gens riches et passionnés, accompagnés d'un
vieillard extérieur, indifférent, impuissant ou bienveillant à
leurs forfaits, ont pour volonté de s'emparer des filles de celui
qui ne leur fait pas la guerre, rien, aucune vertu, aucun remords ne les arrête et surtout, rien ne viendra les punir.

Ce sont finalement les circonstances et leur enchaînement
qui feront l'intrigue et qui viennent expliquer, par leur simple
apparition, les faits. Si bien que le monde ne s'explique pas
au nom d'un ordre réglé, ou d'une volonté d'ordre exprimée
par des personnages ou des héros, mais par le fait que les personnages sont soumis à un enchaînement fortuit que l'état de
guerre détermine, et dont seul leur vice et leur capacité à ne
pas y résister profitent.

L'enchaînement des causes et des effets

Il faut donc, pour exprimer ces questions, construire un
cas, et non une intrigue d'amour et/ou de politique, mettre au
centre de tout, une action, des faits notables et criminels qu'il
va falloir juger, et les représenter par des actes afin que ces
actions figurent comme des faits notoires (donc des preuves
de culpabilité criminelle) à la vue et dans l'esprit du spectateur. Rien ne doit être éliminé ni occulté, parce que ce sont
des charges, des preuves et des circonstances nécessaires à
l'établissement du jugement. Le viol des filles et leur assassi-
nat figureront donc au centre de la pièce, à l'acte III, et seront
précisément figurés (au grand dam des futurs partisans de la
vraisemblance doxale de la tragédie) parce qu'il est nécessaire
que la vérité paraisse comme preuve. Et tout l'intérêt, naturel-
lement, sera de faire en sorte que seuls les spectateurs voient

les faits et détiennent les preuves entières, afin que le futur plaignant, qu'ils sauront dans son droit, n'ait pas la possibilité de faire valoir ce droit devant la justice royale.

De même, il faudra, en amont, expliquer les causes et les effets des viols et des meurtres, en d'autres termes établir la vraisemblance criminelle, logique et juridique du cas, en présentant les parties et en exposant les circonstances (actes I et II). Il s'agit de circonstances factuelles : le père est parti en ordonnant à ses filles la chasteté, le travail et l'hospitalité, les hôtes sont venus ayant délibérément (c'est une circonstance aggravante) prémédité leur action de s'emparer des filles. Circonstances dues à la constitution des individus : le père et les filles sont généreux et vertueux – à ceci près que le père pactise avec les ennemis dans l'espoir d'être en paix –, les filles observent les lois paternelles, les jeunes citadins spartiates sont corrompus et soumis à leurs passions et, de plus, calculateurs, le vieillard qui les accompagne a abandonné la partie en rappelant mollement les règles de la vertu. De là, dérive l'enchaînement qui va jusqu'à l'action excessive et cruelle, dûment représentée sur scène. On le voit, la vraisemblance juridique et romanesque (si l'on prend en compte celle des récits sanglants et tragiques d'un Camus ou d'un Rosset) est respectée avec scrupule et le cas est parfaitement instruit, pour le spectateur. Mais l'est-il pour les personnages ?

En aval de l'action centrale et de la certitude de culpabilité qu'ont les spectateurs, il faudra donc cette fois cerner la vérité, puis l'instruire, enfin la prouver afin qu'elle puisse être jugée. Aux certitudes des spectateurs s'opposent alors le mode de constitution et d'administration des preuves et la relativité de la vérité et de la justice terrestres. On verra donc, à l'acte IV, comment le père éploré peut instruire le cas, cette fois en fonction d'un jugement possible qui rétribuerait la vérité du crime. Le père apprendra peu à peu, par une enquête d'instruction (en consultant des témoins qui ne valent malheureusement rien sur le plan juridique, car ce sont des fermiers voisins, de plus thébains), ce qui s'est passé et découvrira le cadavre de ses filles. Il établira « ses » preuves, mais que valent ces preuves-là dans l'univers réglé du droit ? Et si l'on sait que, déjà, le viol donne lieu à des débats difficiles en matière de détermination de culpabilité, le jugement devient encore plus problématique lorsque les victimes sont mortes. Reste le double meurtre, mais là encore, si les spectateurs du théâtre ont été témoins du forfait, ils sont les seuls, et seule la découverte des corps apparaît comme fait indéniable. Tout repose donc sur les témoignages des voisins, des indices, des soupçons légitimes et les conjectures d'un père qui proposera un enchaînement vraisemblable des événements, sans preuve entière.

Il faudra donc plaider, à l'acte V, devant la cour de justice du ressort dont le cas dépend, celle de Sparte, en utilisant le maximum d'éléments pour amener la cour à partager la vérité de ce qu'on avance, à partir d'éléments divers (demi-preuves, indices, circonstances, analyse des actions et des intentions, faisceaux de conjectures, etc.). Cependant, le gros défaut du dossier est qu'il ne peut s'appuyer que sur des conjectures, selon la cour, et non sur des témoignages tangibles, sur des pièces à conviction, ou sur des aveux (les accusés ne sont pas présents et n'ont pas été interrogés). Il n'y a en effet que des témoins sans autorité, des fermiers thébains (qui ne seront pas opérants dans la mesure où, d'une part, ils sont soupçonnables et d'autre part ils n'ont, en fait, rien vu) et des témoins de théâtre, des spectateurs qui, eux, savent bien les faits, puisqu'ils ont assisté à l'acte III, mais qui appartiennent à un autre ordre de réalité, et qui enfin sont dans l'incapacité, dans l'impuissance, de témoigner. Quel degré de vérité peut-on en effet donner au témoignage de ceux qui ont payé pour assister à une fiction ? De plus, tout à fait logiquement au regard des coutumes et des dispositions juridiques, Scédase, comme citoyen thébain ennemi de Sparte, est suspect et subit par conséquent l'accusation à charge de vouloir nuire aux intérêts lacédémoniens (circonstances à charge).

Le spectateur témoin muet et impuissant devant le théâtre et le monde

Dès lors, le vraisemblable-véritable de Scédase, auquel les spectateurs participent, cède devant la procédure juridique, la loi de la loi, et devant sa vraisemblance propre, qui veut qu'un faisceau d'indices ne soit pas une preuve entière, et qui est le discours véritable de référence à l'aune duquel un jugement humain est possible. Il n'y a donc pas déni de justice, de fait, mais une justice prononcée au vu des éléments propres au procès, ce qui est la loi. Et l'impuissance dans laquelle sont Scédase et les spectateurs d'énoncer la moindre preuve tangible et entière est induite par le fait que l'action excessive, violente, cruelle, choquante et représentée pour être notoire, n'est notoire que pour eux seuls, et non pour les juges. Les viols et les meurtres, si marquants, si choquants, si notoires pour les spectateurs, ne sont plus que des fictions sans crédibilité.

D'où le scandale d'une loi qui respecte les limites auxquelles elle est soumise, mais qui ne peut rendre la justice véritable tant le code de procédure s'appuie sur une vraisemblance codée. On découvre ainsi que l'invraisemblable du pouvoir juridique est finalement le fruit non seulement des circonstances, des calculs, mais surtout de l'exercice de la force guerrière, économique et sociale, relayée par l'exercice d'une vraisemblance juridique qui a valeur de loi pour qualifier les faits. Ceux qui auraient dû émettre des aveux ont été préservés, parce qu'ils sont nobles, parce qu'ils sont riches, parce qu'ils sont respectables et qu'ils peuvent ainsi se soustraire – la loi l'a prévu ainsi – aux accusations d'un manant, de plus, étranger. L'invraisemblance du pouvoir juridique, fondée sur la mise en place d'une vraisemblance procédurale qui vaut comme vérité en l'espèce, triomphe face au vrai de Scédase et des spectateurs, rendu inopérant par l'enchaînement du cas. Tout cela advient devant une assistance extérieure impuissante, et un roi sans force.

Ainsi, dans un temps où les passions violentes règnent, et où, par conséquent, la corruption triomphe, les hommes profi-

tent des circonstances que l'époque leur offre pour réaliser les
vices qui les structurent. Il n'y a plus que des corps, des pas-
sions/pulsions, de la force brutale, masculine, redoublée par la
force économique, et un État qui en valide l'exercice. Et face
à ces principes, ni les circonstances, ni les vertus, ni la volonté de paix, fut-elle lâche, ni enfin la préservation de soi (l'indifférence ou la retraite) ne résistent au monde du désordre au
point que l'ordre de la loi, figure du désordre institué, vient
donner raison à la force et aux passions, couronner le crime,
punir toute attitude pacifique et ne permet finalement au pacifique, ou au lâche, que de se supprimer. Il n'y a ici ni Providence, ni droit naturel ou divin, ni reconnaissance de ces
droits par le droit des hommes : il n'y a plus que le droit, et
non le juste, la guerre, la violence, les passions face à la lâcheté, au désir vil et manant de se préserver, au point que la
vertu du pauvre se confond avec une pauvre fuite, sans héroïsme, dans la mort. Il faudra pourtant que les spectateurs, qu'on
veut ulcérés, puissent intervenir, et ils le feront par l'intermédiaire d'un chœur de paysans, qui en appelle, non à la vengeance divine, mais à la pitié et à la juste rétribution du Ciel à
l'égard de Scédase.

Cette fable doit s'appuyer sur un excès, sur une vérité exceptionnelle rapportée par l'histoire, qui sera, plus tard, donnée par les doctes des années 1650 comme invraisemblable
parce que cruelle. Mais chez Hardy, l'homme est plongé dans
une histoire dans laquelle Dieu n'apparaît pas, une histoire
qu'il a créée (en étant pris, de fait, dans un code juridique et
social, en l'acceptant par l'indifférence et la lâcheté ou en
agissant à grands coups de passions et de violences) et qui se
présente à la fois comme excessive, exceptionnelle, incroyable, et comme véritable.

C'est sur ces réflexions que la tragédie se fonde, et c'est à
partir de cette somme de rapports que se construit l'intrigue.
Or pour être construite et pour intéresser le spectateur au
scandale, il a fallu à la fois montrer l'excès en scène, com-
mettre le spectateur en le choquant, mais aussi lui assigner sa
place, qui est celle du témoin impuissant. Cette histoire, qui

saisit ceux qui ont voulu la fuir (Soódano), celles qui l'igno
rent au nom de leur ignorance, de leur innocence et de leur
vertu hospitalière (les filles), ou ceux qui assistent impuissants
à son effectuation (les spectateurs), est ainsi doublement attestée, aussi bien par l'histoire antique que par l'histoire proche
des guerres modernes (intérieures : les Guerres de religion, ou
extérieures : les guerres espagnoles par exemple et bientôt la
terrible Guerre de Trente ans). Qu'avez-vous fait devant tant
de crimes et que faites-vous alors que vous savez que ces
crimes existent encore et qu'ils sont impunis ? Que faites-
vous, sinon assister au spectacle ?

   L'invraisemblable vérité de l'horreur triomphe tous les
jours, et tous les contemporains d'Alexandre Hardy le savent :
l'invraisemblable nature du pouvoir, la force militaire, économique, juridique et politique, redoublée par la force des corps
et des passions, toutes ces choses qu'on aurait aimées invraisemblables par nature, sont fidèlement exprimées et représentées comme naturelles, véritables et invulnérables à la vertu,
sur la scène même. Restent la douleur, le chagrin privé, la
mort intime, pâle et discrète du manant qui ne peut se venger
ni par le calcul – son identité de manant étranger ne le lui
permet pas –, ni par la force – puisqu'il est né faible. Quant
au spectateur, il est ailleurs, ne peut être que spectateur, et ne
se voit représenté que par une troupe en haillons de paysans
fervents.

   Ce qui est alors invraisemblable, ce qui choque la raison,
la nature et le sens commun, devient la définition même de la
réalité et de la fable tragique dans la mesure où le monde du
désordre, de l'excès, a été, ou est encore, la règle notoire des
conduites humaines, sans qu'il y ait pour la combattre un droit
effectif, une quelconque solution de repli, aucune espérance
de renversement des choses, ni enfin de confiance en une loi
transcendante qui remettrait un peu d'ordre naturel ou divin
dans le monde. Quant à l'au-delà, on peut tout espérer... Mais
la loi elle-même, celle qui reste, celle que les hommes forgent
au cours de l'histoire guerrière, politique et économique, elle
n'est que la résultante de la force qui la gouverne et elle ré-

pond à une procédure dont on pouvait supposer qu'elle était là pour garantir la justice, mais qui, en fait, préserve l'intérêt des forts qui constituent l'État.

Car là est tout l'intérêt du sujet : le forfait, l'excès qu'il figure, le jugement qui découle de la plainte du manant collaborateur, enfin la mort du manant sont infiniment logiques à partir du moment où l'on accepte les circonstances dans lesquelles la fable est prise. L'incroyable est explicable au point qu'il arrive à la suite d'un enchaînement de causes et d'effets sur lesquels ni la vérité observée, ni la vertu et la souveraineté royales, ni la Providence, ni les compromis, ni les compromissions ne peuvent rien.

Si bien qu'on peut affirmer que le monarque est confronté à l'invraisemblance de son pouvoir, à la virtualité de sa charge, à son impuissance de prince isolé, ce que la tragédie représente à la fois par l'excès des actions qui lui échappent, par la mise en place d'un jugement dont il doit, plus que tout, respecter la procédure légale, mais injuste pour juger du fond, et par son attitude déploratrice qui l'exclut de l'action. Dans ce monde en désordre, c'est la souveraineté monarchique qui devient invraisemblable, parce que dans cet univers que le spectateur peut constater sur scène et à l'extérieur du théâtre, elle n'est ni logique (elle n'intervient pas dans l'enchaînement des causes et des effets, sinon pour valider malgré elle l'avantage de la puissance économique et guerrière) ni raisonnable puisqu'elle irait, si elle était juste, jusqu'à défendre l'intérêt des pauvres, des filles paysannes, des manants étrangers et même objectivement ennemis de la couronne, contre l'intérêt de l'État qui est de préserver les riches guerriers pleins de fougue et de sève.

Le deuil des rois incapables d'être justes

Reste le regret qu'un premier roi exprime dans cette tragédie, d'être invraisemblablement mais véritablement impuissant face à ses sujets puissants. Un regret prononcé d'emblée, dans la toute première scène de la pièce, par Archidame lui-même, le roi de Sparte du début de cette tragédie, seul, dans le monologue de déploration qui informe le spectateur sur ce qu'est son règne et qu'il donne à entendre comme en secret. Le roi est prisonnier des circonstances, borné comme son empire. Alors que Sparte avait pour vocation d'être sévère et prospère, parce que vertueuse, et de rejeter les vices avant qu'ils ne naissent, elle est maintenant corrompue par le métal exécrable, le luxe, l'avarice. La guerre elle-même n'est plus le lieu de l'héroïsme, mais le champ clos des intérêts particuliers. Il n'appartient plus au roi, devant cet enchaînement fatal mais parfaitement explicable (véritable et vraisemblable donc) auquel il assiste, que de souhaiter sa mort.

On verra donc, à l'acte V, un autre roi apparaître pour tenir la scène de justice topique en matière de fin de tragédie. Agésilas – et l'on devine que le premier roi, Archidame, a été jusqu'au bout de ses conclusions et de son intention – se donne comme le garant de la loi, l'emblème de la justice, donc comme un roi souverain, paré de la fonction essentielle du monarque, le pouvoir de juger. Respectueux des procédures, il prend en compte la plainte, affirme qu'elle a toutes les apparences de la vérité, examine le cas en le mettant à l'écart des émotions et selon la vraisemblance juridique, c'est-à-dire, selon le mode réglé d'administration de la preuve, qui convient au procès criminel : plainte de la victime (rhétoriquement mise en place dans la bouche de Scédase), réponse de la défense, déposition des témoins, évaluation de leur témoignage en fonction de ce qu'ils sont, du lien qu'ils entretiennent avec la victime, et de ce qu'ils ont vu, non de ce qu'ils ont déduit, et des indices qu'ils présentent, ce qui entraîne à conclure qu'il y a ici des conjectures et non des preuves entières, soupçons de la défense sur les serviteurs, enfin courte plaidoirie de la victime, et finalement suspension du jugement. En effet, le roi ne se prononce pas, il laisse le cas pendant en invoquant le fait qu'il n'y a pas eu présentation de preuves, et ordonne à Scédase « un peu de patience ». La justice des hommes (et des rois) sur les affaires criminelles particulières, doit être lente, si elle veut être juste, mais elle en devient souvent incomplète, voire injuste, voire, là encore, impuissante à être juste, au nom des circonstances dans lesquelles elle est prise. C'est pourquoi, lorsqu'il est violemment chassé du lieu de la justice royale, Scédase en appelle aux dieux, et est relayé par son voisin et par le chœur des Leuctriens, paysans comme lui, avant de mettre fin à ses jours. C'est donc par une traditionnelle scène d'élégie, de deuil des valeurs mondaines que la pièce se referme, et c'est par ce chœur, entre espoir et incertitude de l'intervention de Dieu, qu'elle en appelle à la justice du Ciel.

Le spectateur assiste donc, impuissant lui aussi, à l'histoire d'un cas singulier qui a valeur générale dans l'histoire antique et dans la contemporanéité, à l'histoire d'une ville précédemment vertueuse, Sparte, qui vient proclamer la vérité d'une observation scandaleuse : que le roi n'est rien, ou qu'il est nu, invraisemblablement dépouillé des artifices de son pouvoir et soumis à la force de ses sujets. Invraisemblablement, le roi-personnage tout-puissant qui convient à la représentation de la majesté, est devenu un roi sans pouvoir selon un enchaînement de faits extrêmes et selon une logique parfaitement attestée. Selon toute vraisemblance, ce roi-là n'a plus rien d'un roi majestueux, mais semble bien proche de ce que sont véritablement les rois.

*L'invraisemblance du pouvoir
et la vraisemblance de l'excès*

On peut ainsi s'appuyer sur cette rapide analyse pour préciser un point essentiel concernant le vraisemblable, donc aussi l'invraisemblable du pouvoir, comme de la tragédie. En amont de toutes les questions esthétiques qui seront posées et débattues au cours du siècle, il y a, à la racine de ce principe et d'un point de vue plus général que strictement esthétique, l'idée d'un consensus, d'un accord et d'un contrat entre l'émetteur et le récepteur de l'énoncé, en fonction d'une série de critères qui leur sont communs, autrement dit du cadre dans lequel l'énoncé est effectué. Si bien qu'une vraisemblance sera différente et évaluée différemment selon que l'on est dans le cadre d'une fiction littéraire (et le vraisemblable variera selon le genre et la période), d'une action juridique (qui donne des règles plus ou moins objectives et plus ou moins constantes qui permettent de dire que le vraisemblable est utile à former le jugement), ou de tout autre objet (il est vraisemblable d'énoncer qu'il existe un éther, dans le cadre de la science, à un moment donné, mais l'on doit veiller à ce que la notion soit prouvée véritablement pour passer de la conjecture ou du système à l'énoncé de faits vérifiables et acceptables par tous). Ainsi, à partir du moment où le contrat de vraisemblance n'est ni fixe ni fixé, ou qu'il peut varier, il devient possible non seulement d'en modifier les termes, à partir du moment où l'émetteur et le récepteur sont d'accord, ou d'en proposer une modification qui sera, ou non, acceptée, mais aussi de réfléchir, dans le cadre du médium employé, à la notion même de vérité et à celle de vraisemblance, qui peuvent porter sur un objet spécifique plus large, comme la vraisemblance du pouvoir royal, juridique, ou divin. On pourra même proposer des représentations extraordinaires, choquantes et violentes, *a priori* invraisemblables d'actions ou de conduites qui, dûment attestées par la vérité historique ou par les faits contemporains, auront un impact sur la vraisemblance et permettra de modifier les termes du contrat initial, voire de le mettre en doute.

S'il est invraisemblable que deux jeunes nobles s'introduisent dans une maison en profitant de la règle d'hospitalité pour violer et tuer des jeunes filles vierges, et s'il est invraisemblable, parce que choquant pour la raison et les bienséances, de les montrer agir ainsi, il est tout aussi invraisemblable, mais en tout point véritable et attesté, que la loi ne leur donne pas tort par l'effet de ses propres dispositifs logiques et procéduraux. Ainsi, la loi est vraisemblablement injuste.

S'il est invraisemblable que le prince, garant de la justice, ne puisse rien dire sur cet enchaînement, s'il est tout aussi in-

vraisemblable qu'il ne soit pas, selon les règles de l'encomiastique, représenté dans sa toute-puissance, la vérité des faits
proposés au spectateur, l'histoire qui les atteste, ainsi que de
nombreux cas véritables contemporains, montrent que tout cela est possible dans le monde, et donc possible sur scène, même s'il faut pour cela choquer les bienséances à grands coups
de violence afin de constater que le pouvoir tout-puissant du
roi, la justice juste des hommes sont des fictions invraisemblables en l'espèce, que le mode de représentation atténuée
des faits au théâtre et dans les arts représentatifs d'apparat est
frappé d'invraisemblance, et ne peut convaincre une assistance
qui a toutes les raisons intérieures et extérieures à l'intrigue
de douter du triomphe des vertus.

Ainsi, en dénonçant l'invraisemblance du code de représentation d'un roi en majesté (l'encomiastique d'apparat dans
laquelle elle puise ses motifs), d'une justice juste et d'une vertu triomphante (l'histoire officielle), en levant le voile sur les
réalités violentes et sur les excès du monde, par la représentation incroyable et saisissante de ces excès, la tragédie fait du
monde de l'invraisemblance le monde de la terrible vérité et
de l'image toute-puissante des rois une fiction difficile à admettre.

* * *

Reste qu'il est souhaitable, une fois l'intrigue terminée et
le cas humain traité, qu'une invraisemblance radicale, juste,
divine, absolue, apparaisse en majesté, et qu'elle retourne le
désordre du monde en ordre transcendant où la justice existerait et où les coupables seraient punis. Une vérité providentielle que cette époque veut souhaiter, mais qu'Alexandre Hardy laisse à l'optatif, dans les mots du chœur et d'un bon berger, puisqu'elle choque la vraisemblance terrible dans laquelle
il installe ses intrigues. L'horizon merveilleux de ses pièces
serait-il donc l'invraisemblable apparition de la paix, *via* le jugement divin et son apparition dans le ciel désolé d'une France meurtrie ? La solution serait-elle ailleurs, dans la postula-

tion d'une apparition providentielle possible, mais difficilement pensable, qui autoriserait la mise en place d'un pouvoir légitime ? Un roi qui sait utiliser les signes dont il se pare, dans les entrées royales et l'exercice ostentatoire de sa majesté, pour enfin les rendre efficaces, effectifs et véritables ?

Ou bien, parce qu'il faut bien considérer simultanément le cas proposé, l'attitude impuissante des spectateurs et leur aptitude à jouir de la scène centrale qu'on propose à leur vision, l'horizon de la tragédie est-il plutôt le plaisir suspect et sombre qu'il y a à voir les excès, à profiter de la représentation de ces faits aussi sanglants qu'extraordinaires, et à en conclure qu'ils sont possibles, voire souhaitables au théâtre, parce qu'ils sont intéressants ? Non point qu'on les admire pour des vertus, ni qu'on les prenne en modèle, mais parce qu'ils émeuvent, qu'ils posent des questions majeures, et peut-être aussi qu'ils flattent le regard sur le crime, le viol, la sexualité, le corps outragé, comme ils révèlent que les lois des hommes et le pouvoir des souverains, fussent-ils parés de leur image majestueuse, sont impuissants à endiguer le mal, dès lors que l'homme est dans la Chute ou qu'il est, en ces temps de misère, abandonné de Dieu.

Alors, que faire sinon aller voir tout cela, pour y penser, pour s'en divertir, pour craindre ou pour prendre pitié, en tout cas pour saisir les contradictions du monde et des hommes et leur peu d'aptitude à distinguer les critères de vérité ?

JOHN D. LYONS

(University of Virginia)

LA VÉRITÉ TYRANNIQUE

Parler d'« invraisemblance du pouvoir », c'est user d'un oxymore qui est profondément révélateur d'un courant de pensée qui affleure au milieu du XVIIᵉ siècle. On peut penser au premier abord qu'il est dans la nature du pouvoir de se représenter comme vraisemblable, ou comme facilement crédible, car, après tout, ceux qui possèdent le pouvoir sont en mesure de définir le vraisemblable, ce que les autres croient. Et pourtant, en y regardant d'un peu plus près, on peut constater que cet effort de déterminer ce que les autres croient est aussi l'aveu d'une dépendance à l'égard de l'opinion. Or, la personne souveraine et indépendante doit avoir la liberté de ne pas compter sur ce que les autres croient. Cette forme de pouvoir, un pouvoir qui agit en dehors de toute vraisemblance – de tout assentiment de l'opinion commune – c'est ce qu'on appelle la tyrannie. La tyrannie, c'est le pouvoir sans la vraisemblance, et c'est une forme de pouvoir qui fascinait les auteurs du XVIIᵉ siècle.

Voilà la matière même de la tragédie dite classique : invraisemblance, pouvoir, tyrannie, mensonge, quête des origines et affirmation de la légitimité par l'identification de ces origines. Voilà aussi des thèmes centraux de la pensée politique, et même religieuse, de l'époque, et ce chevauchement n'a rien de surprenant si nous rappelons que la tragédie, dans la France du XVIIᵉ siècle, est une forme littéraire ayant toujours à voir avec la politique[1]. Au regard de cette convergen-

---

[1] Corneille écrit au sujet de la tragédie : « Sa dignité demande quelque grand intérêt d'État, ou quelque passion plus noble et plus mâle que l'amour [...] ». Voir *Discours du poème dramatique*, dans *Œuvres complètes*, Georges Couton (éd.), Paris, Gallimard (Bibliothèque de la Pléiade), 1980-1988, vol. III, p. 124.

ce entre tragédie et politique, relisons deux textes du milieu
du siècle : la *Rodogune* de Corneille, une tragédie représentée
pour la première fois au cours de la saison 1644-1645, et les
Pensées de Pascal, des notes écrites une dizaine d'années
après cette tragédie[2].

Pascal, comme on le sait, a beaucoup à dire sur le pouvoir
et sur sa répartition inégale et injuste dans la société que nous
connaissons. L'exercice injuste et capricieux du pouvoir, aux
côtés des autres misères de la condition humaine, montre que
l'humanité est déchue d'un état jugé meilleur. Le terme
« vraisemblance » ne paraît pas une seule fois dans les *Pensées*, et cependant on voit bien que l'idée de représentations
reçues comme plausibles et facilement croyables est centrale
dans l'analyse pascalienne de la société. L'absence même du
mot « vraisemblable » (une expression tout à fait courante
dans le français de l'époque) nous invite à penser que Pascal a
dû l'éviter systématiquement afin d'y substituer des termes
plus précis et plus adaptés à son évocation de la vie humaine – en tout cas, une telle hypothèse paraît nécessaire pour
expliquer l'absence d'un terme absolument crucial dans
l'œuvre de deux auteurs auxquels Pascal répond tout au long
de ses *Pensées*, celle de Montaigne et de Descartes[3]. En général, c'est le mot « coutume » et ses variantes qui remplacent
« vraisemblance » et qui communiquent l'idée de ce qui va
sans dire, de ce qui nous paraît familier, et de ce qui n'est pas
le résultat d'une enquête méthodique[4]. Ce à quoi l'on est accoutumé – on peut tout simplement dire, le vraisemblable –
c'est le croyable (même si ce n'est pas ce qui arrive à chaque

[2] *Rodogune* fut publiée en 1647 ; un certain nombre de notes de Pascal
en 1670, sous le titre qui nous est resté de *Pensées*.

[3] Les termes *vraisemblable* et *vraisemblance* paraissent rarement dans
Les Provinciales ; l'adjectif six fois et le substantif une seule fois. Le terme
invraisemblance (et ses variantes) ne se trouvent ni dans les *Pensées* ni dans
Les Provinciales.

[4] L'enquête méthodique, comprise au XVIIe siècle selon le modèle cartésien, avait pour but de dépister et de rejeter ce qui n'était que vraisemblable
afin de le remplacer par le vrai.

coup), et Pascal attachait beaucoup d'importance au croyable, une notion plus utile dans l'apologétique chrétienne que des vérités qui convainquent sans persuader[5]. Pour persuader et faire croire, il faut faire appel, selon Pascal, à nos appétits et à nos habitudes. La difficulté consiste donc pour lui à persuader sans aller jusqu'à faire de la vérité une fiction, soit l'approche rhétorique qu'il impute à ses adversaires jésuites, comme Erec Koch et d'autres l'ont montré[6]. Si le vraisemblable est ce qui *paraît* vrai, Pascal attribue très clairement cette qualité à la coutume. Pour le peuple, écrit-il, la coutume est ce qui a l'air de la vérité : « Le peuple [...] croit que la vérité se peut trouver et qu'elle est dans les lois et coutumes [...] » (L. 525/S. 454)[7].

Corneille, quant à lui, met la problématique de la vraisemblance au cœur de sa poétique. Dans le premier paragraphe de son *Discours de l'utilité et des parties du poème dramatique*, il déclare que le sujet d'une grande tragédie ne devrait pas être vraisemblable :

les grands sujets qui remuent fortement les passions, et en opposent l'impétuosité aux lois du devoir, ou aux tendresses du sang, doivent toujours aller au-delà du vraisemblable, et ne trouveraient aucune croyance parmi les auditeurs, s'ils n'étaient soutenus, ou par l'autorité de l'histoire qui persuade avec empire, ou par la préoccupation de l'opinion commune qui nous donne ces mêmes auditeurs tous persuadés[8].

Corneille dénonce explicitement l'erreur de ceux qui ont déduit de la *Poétique* d'Aristote cette « maxime très fausse,

---

[5] Un des défauts de l'apologétique cartésienne, aux yeux de Pascal, est que la certitude logique n'est pas ce qui emporte l'assentiment de la plupart des gens.

[6] EREC KOCH, *Pascal and Rhetoric : Figural and Persuasive Language in the Scientific Treatises, the* Provinciales *and the* Pensées, Charlottesville, Rookwood Press, 1997, p. 73-107.

[7] Les citations donnent d'abord la référence à l'édition de Louis Lafuma (L.) et ensuite à l'édition de Philippe Sellier (S.) : BLAISE PASCAL, *Œuvres complètes*, Louis Lafuma (éd.), avec une préface par Henri Gouhier, Paris, Les Éditions du Seuil (L'Intégrale), 1963 ; *Pensées*, Philippe Sellier (éd.), Paris, Bordas (Classiques Garnier), 1991.

[8] PIERRE CORNEILLE, *op. cit.*, vol. III, p. 118.

qu'il faut que le sujet d'une tragédie soit vraisemblable[9] ». Le
dramaturge explique que le sujet tragique devrait heurter nos
croyances habituelles. Réfléchissant sur l'art dramatique, il est
amené à recommander l'emploi soit d'histoires vraies, soit
d'histoires qui ont acquis une autorité par la force de la légende. Pour résumer en quelques mots ce qu'est la tragédie pour
Corneille, on peut dire qu'elle représente des événements invraisemblables où agissent des personnages puissants.

C'est à l'intersection du pouvoir et de l'invraisemblable,
chez Pascal et chez Corneille, que nous voyons surgir la figure du tyran. Le *Dictionnaire de l'Académie française* (1695)
définit ainsi le tyran : « Celuy qui a usurpé, envahi la puissance souveraine dans un Estat. [...] Il se dit aussi, des Princes légitimes, lors qu'ils gouvernent avec cruauté, avec injustice, &
sans aucun respect des loix divines & humaines [...] ou qui
s'attribuent une autorité qui ne leur appartient pas[10] ». Cette
définition correspond à une distinction faite au moins depuis
le XIIᵉ siècle entre l'usurpateur (le « tyran d'origine ») et
l'oppresseur (le « tyran d'exercice[11] »).

On parlait souvent de tyrans dans la France de la première
modernité. Ce terme avait sa place non seulement dans les
pamphlets des Guerres de religion mais aussi dans bon
nombre de textes sur la théorie politique, et même dans les
Essais de Montaigne[12]. Pascal, lecteur attentif de Montaigne,

---

[9] C'est Corneille qui souligne.

[10] Furetière, dans son *Dictionnaire Universel* (1690), note : « Chez les
Anciens le mot de *Tyran* n'était pas odieux, & signifioit seulement *Roy*, ou
Souverain : mais comme les peuples aimoient la liberté, ils ont appellé
Tyrans, tous ceux qui leur vouloient commander absolument ».

[11] Le lieu classique de cette distinction est le *Policratique* de JEAN DE SALIS-
BURY, philosophe du XIIᵉ siècle. J'ai consulté le texte dans la traduction de CARY
J. NEDERMAN, *Policraticus : On the Frivolities of Courtiers and the Footprints of
Philosophers*, Cambridge, Cambridge University Press (Cambridge Texts in the
History of Political Thought), 1990, L. III, chap. 15, p. 25 et suivantes.

[12] Les mots *tyran*, *tyrannie*, et d'autres variantes paraissent soixante-dix-
sept fois dans les *Essais*. Il n'est certainement pas surprenant de trouver ce
terme dans le livre de Montaigne, car les *Essais* constituent en partie un monument à la mémoire du grand ami de Montaigne, Étienne de La Boétie, auteur de l'un des grands textes sur la tyrannie, *Discours de la servitude volontaire* (1574).

donne une définition de la tyrannie des plus frappantes, dans un sens étonnamment large :

> La tyrannie est de vouloir avoir par une voie ce qu'on ne peut avoir que par une autre. On rend différents devoirs aux différents mérites, devoir d'amour à l'agrément, devoir de crainte à la force, devoir de créance à la science.
> On doit rendre ces devoirs-là, on est injuste de les refuser, et injuste d'en demander d'autres. Ainsi ces discours sont faux, et tyranniques : je suis beau, donc on doit me craindre, je suis fort, donc on doit m'aimer, je suis... Et c'est de même être faux et tyrannique de dire : il n'est pas fort, donc je ne l'estimerai pas, il n'est pas habile, donc je ne le craindrai pas. (L. 58/S. 91).

Cette formulation évoque la vision du monde baroque qui est celle de Pascal, une vision fondée sur la stricte distinction entre les instances de pouvoir qui est, d'une part, rendue en grande partie obsolète par une monarchie centralisatrice, et, d'autre part, cooptée et manipulée par un absolutisme formé dans un compromis qui sépare plus que jamais le public et le privé, ainsi que l'ont montré, entre autres, Hélène Merlin-Kajman et Stephen Toulmin[13].

Cette remarque pascalienne sur la tyrannie est bientôt suivie par un commentaire nourri de la misère de l'organisation sociale et de la difficulté, ou pour mieux dire, de l'impossibilité pour le souverain d'atteindre la certitude touchant aux sujets les plus importants. Les premiers mots du fragment sont les suivants : « Sur quoi fondera[-t-] il l'économie du monde qu'il veut gouverner ? Sera-ce sur le caprice de chaque particulier ? Quelle confusion ! sera-ce sur la justice ? il l'ignore » (L. 60/S. 94). Lorsqu'on suit l'argumentation de Pascal, il devient de plus en plus clair que la quête de la certitude est, el-

---

[13] HÉLÈNE MERLIN-KAJMAN, *L'Absolutisme dans les lettres et la théorie des deux corps. Passions et politique*, Paris, H. Champion (Lumière classique), 2000 ; STEPHEN TOULMIN, *Cosmopolis : The Hidden Agenda of Modernity*, New York, Free Press, 1990.

le-même, dans le monde réel où nous vivons, la source du pire des maux, la guerre civile[14]. Dans cette réflexion sur la société, Pascal répète souvent l'opposition entre « tout » et
« rien ». Ceux qui sont mécontents de l'ordre social actuel
souhaitent revenir aux lois fondamentales : « Il faut, dit-on,
recourir aux lois fondamentales et primitives de l'état qu'une
coutume injuste a abolies. C'est un jeu sûr pour *tout* perdre ;
rien ne sera juste à cette balance ». Tout au long de son discours on trouve cette dichotomie : « *Rien* suivant la seule raison n'est juste de soi, *tout* branle avec le temps ».

Entre le commentaire sur la tyrannie et la description de
l'injustice sociale (ayant pour conclusion l'idée qu'il vaut
mieux se contenter de l'ordre coutumier), il y a un rapport qui
n'est pas pleinement explicité par Pascal. D'un côté, nous ob-
servons un système dont le fonctionnement illégitime se laisse
décrire par rapport à une confusion *qualitative* – la force ne
peut pas être cause de l'amour, pas plus que la beauté ne peut
être cause de la peur, même si l'on est très puissant ou très
beau. De l'autre, nous trouvons une description de la société
exprimée en termes *quantitatifs* : *tout* ou *rien*. Un symptôme
de notre état déchu est la confusion entre ces deux systèmes.
Nous vivons dans des sociétés qui sont tyranniques parce que
les causes et les effets ne sont plus vraiment bien compris suivant le véritable critère qualitatif. Logiquement, donc, on ne
peut pas prendre une décision en matière de justice *en faisant*
référence à la force (« La justice sans la force est impuissante,
la force sans la justice est tyrannique »), et cependant « ne
pouvant faire que ce qui est juste fût fort, on a fait que ce qui
est fort fût juste » (L. 103/S. 135).

Ce que Pascal semble vouloir mettre en valeur en juxtapo-
sant sa définition de la tyrannie à sa déclaration d'un conser-
vatisme prudent à l'égard du changement social, c'est le fait
que la plupart des gens (*le peuple*) ne sont pas conscients des
idées fausses sur lesquelles est fondée la vie quotidienne. La

---

[14] « Le plus grand des maux est les guerres civiles » (L. 95/S. 128).

société ne leur paraît pas tyrannique précisément à cause de l'arrangement palliatif, « on a fait que ce qui est fort fût juste ». Il est dangereux de dire au peuple que les lois ne sont pas justes, parce que le peuple n'obéit qu'en pensant que les lois sont justes (L. 66/S. 100). Par conséquent, le lecteur de Pascal, initié par la lecture des *Pensées* au secret de l'arbitraire des lois, est encouragé à ne pas répandre cette vérité. Le lecteur pascalien, en effet, devient complice dans la perpétuation des faussetés dont la société dépend[15].

Ce que nous croyons est donc, selon Pascal, simple habitude ou coutume. Voilà un état intermédiaire, ni rien ni tout. Ce n'est pas le vrai, mais c'est ce que l'on croit, et à force d'être cru, il est croyable. Voilà le vraisemblable dont se contente le sage pascalien sans insister pour avoir ou (surtout) pour dire *tout*. Cette insistance sur toute la vérité et sur une certitude totale mènerait à toutes sortes de désordres, dont la guerre civile, et nous amènerait au *rien*. C'est ainsi que Pascal conseille, en politique, de s'allier avec la vraisemblance et contre la vérité.

Néanmoins, pour que l'apologétique de Pascal atteigne son but de persuasion, l'auteur doit courir le risque que le lecteur croie en cette dangereuse et secrète vérité. En fait, l'apologiste doit souligner la qualité contradictoire, instable, et peu fiable de toutes les explications théoriques et historiques de l'ordre social qui justifient quelque autorité civile que ce soit, même celles qui se basent sur le bien commun de tous. La loi « est loi et rien davantage » (L. 60/S. 94).

Pascal se met dans la position de devoir révéler, pour soutenir son argument, ce qui doit être caché pour maintenir la société. Il constitue avec ses lecteurs une société secrète à l'intérieur de la société, un groupe qui connaît la « vérité » et la cache pour perpétuer le vraisemblable. Mais, en dehors de

---

[15] Richard Lockwood a décrit d'un autre angle la complicité entre auteur et lecteur dans les *Pensées*, où le lecteur se fait auteur. Voir *The Reader's Figure : Epideictic Rhetoric in Plato, Aristotle, Bossuet, Racine and Pascal*, Genève, Librairie Droz, 1996, p. 270.

cette société secrète, il y a deux catégories de personnes qui diront la vérité : le rebelle (ou le *frondeur*) et le tyran. De manière différente, ils révèlent l'origine des faussetés sur lesquelles la société est fondée. Du frondeur, Pascal écrit :

> La coutume (est) toute l'équité, par cette seule raison qu'elle est reçue. C'est le fondement mystique de son autorité. Qui la ramènera à son principe l'anéantit. [...] L'art de fronder, bouleverser les états est d'ébranler les coutumes établies en sondant jusque dans leur source pour marquer leur défaut d'autorité et de justice. (L. 60/S. 94)

Le frondeur trouble les croyances habituelles et adopte une approche historique envers la vérité en faisant voir l'*origine* de ces croyances. Dans cette optique, il y a un conflit entre le savoir historique et l'habitude de la croyance. C'est dans l'histoire que l'on trouve la vérité, car elle seule peut dévoiler l'usurpation originelle – par exemple, en faisant voir que la propriété terrienne n'est pas fondée sur la justice mais sur la prise de possession par la force physique – toutefois, un tel savoir ébranle la croyance populaire dans le caractère permanent et absolu des normes juridiques et morales : « En peu d'années de possession les lois fondamentales changent, le droit a ses époques, l'entrée de Saturne au Lion nous marque l'origine d'un tel crime » (L. 60/S. 94).

Le tyran est l'autre personne qui parle en dehors du vraisemblable. Pascal donne des exemples de discours tyrannique. Il est faux et tyrannique de dire « je suis beau, donc on doit me craindre, je suis fort, donc on doit m'aimer, je suis... », et il est également tyrannique de dire « il n'est pas fort, donc je ne l'estimerai pas, il n'est pas habile, donc je ne le craindrai pas » (L. 58/S. 91). Ces propositions sont illogiques et confondent les catégories ou les « ordres ». Et pourtant dans leur confusion ces propositions révèlent une imposition brutale d'un ordre sur un autre. C'est cette imposition qui fonde la société dans laquelle nous vivons, mais la force de l'habitude nous aveugle. Si quelqu'un énonçait de telles choses, il serait considéré comme stupide ou... tyrannique. Aussi ne les dit-on jamais, car la plu-

part des détenteurs du pouvoir ne veulent pas dévoiler le caractère invraisemblable de leurs privilèges. Tant que l'on n'en
fouille pas les origines, l'habitude sociale nous maintient dans
le monde de la vraisemblance. Ce n'est que devant la société
secrète de ses lecteurs que Pascal ose imiter la voix du tyran :
« Comme la mode fait l'agrément aussi fait-elle la justice »
(L. 61/S. 95). « "Ce chien est à moi", disent ces pauvres enfants. "C'est là ma place au soleil". Voilà le commencement et
l'image de l'usurpation de toute la terre » (L. 64/S. 98).

Revenons à Corneille. Il y a bon nombre de tyrans dans
ses tragédies : Phocas dans *Héraclius* (1647), Prusias dans *Nicomède* (1650), Galba dans *Othon* (1664) et Attila dans la tragédie éponyme (1667). Mais la tragédie cornélienne préférée
de l'auteur lui-même, c'est *Rodogune* (1644-1645), où l'on
trouve peut-être le tyran le plus spectaculairement tyrannique,
la reine régente Cléopâtre. On peut penser que la préférence
avouée de Corneille pour cette œuvre vient du caractère hautement invraisemblable du sujet – le dramaturge place « la beauté du sujet » en tête de la liste des raisons possibles de sa
« tendresse » (dans son *Examen* de 1660)[16]. Voici en quelques
mots de quoi il s'agit : Cléopâtre, reine veuve, voit s'approcher
le moment où l'aîné de ses fils jumeaux épousera Rodogune,
princesse des Parthes, et régnera avec son épouse comme roi
de Syrie. Le problème crucial est que seule Cléopâtre sait lequel de ses fils est le premier né (de quelques secondes) et,
donc, lequel des deux possède légitimement le trône[17]. N'en

---

[16] « Elle a tout ensemble la beauté du sujet, la nouveauté de l'expression,
la solidité du raisonnement, la chaleur des passions […] ». Voir PIERRE COR-
NEILLE, *op. cit.*, vol. II, p. 200.
[17] L'étude la plus intéressante et la plus complète de cette question de
l'ordre de naissance dans *Rodogune* est celle de RICHARD GOODKIN, « A Sibling Rivalry over Sibling Rivalry : Pierre Corneille's *Rodogune* and Thomas
Corneille's *Persée et Démétrius* », dans *Birth Marks : The Tragedy of Primo-
geniture in Pierre Corneille, Thomas Corneille, and Jean Racine*, Philadel-
phie, University of Pennsylvania Press, 2000, p. 99-123. R. Goodkin juge que
Séleucus est en fait le frère aîné même si la question reste sans réponse définitive (« technically […] unresolved », p. 100).

doutons pas, Cléopâtre est tyran, et cela selon plusieurs critères. Tout d'abord, elle continue à exercer le pouvoir en tant
que régente alors que ses fils sont arrivés à la majorité. Elle
continue, et veut continuer, à régner. Elle est donc « tyran
d'origine », ou usurpatrice. Cléopâtre est aussi tyran en ce
sens qu'elle règne injustement, et en violant les lois et les traditions de Syrie. Elle est ainsi « tyran d'exercice », ou oppresseur. Enfin, et dans le sens que Pascal explicitera quelques années après la création de cette tragédie, Cléopâtre refuse de
reconnaître la distinction des ordres ou des catégories. Elle
déclare qu'elle choisira comme aîné celui des jumeaux qui
obéira à son ordre de tuer la princesse Rodogune. Pour Pascal,
celui qui confond une question de *fait* avec une question de
force est éminemment tyrannique. On peut ainsi résumer la
proposition de Cléopâtre : « Il m'obéit, donc il est né le premier ». Le parallèle des exemples de discours tyrannique entre
Pascal et Corneille est particulièrement frappant.

Cependant, le caractère tyrannique de Cléopâtre reste caché jusqu'au jour où se déroule l'action tragique. Les princes,
qui ont été écartés de la cour sous prétexte de leur sûreté, ren-
trent au palais après plusieurs années d'absence. La question
de l'identité de l'aîné est pressante, car la princesse Rodogune
est arrivée pour ce mariage stipulé dans un traité de paix entre
la Syrie et la Parthie. Va-t-elle épouser Séleucus ou bien Antiochus ? Seule Cléopâtre détient la clé du mystère, et aussitôt
qu'elle paraît pour la première fois sur la scène, elle écarte,
dans un monologue passionné, tout ce qui l'a retenue dans un
semblant de légalité :

> Serments fallacieux, salutaire contrainte,
> Que m'imposa la force, et qu'accepta ma crainte,
> Heureux déguisements d'un immortel courroux,
> Vains fantômes d'État, évanouissez-vous.
>
> (acte II, sc. 1, v. 395-398)

Nous reconnaissons ces « vains fantômes d'État », car ce sont
les voiles de la vraisemblance, ce que Pascal appelle la coutume. Jusqu'ici la feinte soumission de Cléopâtre devant

les usages du royaume a empêché ses fils et tous ses sujets de découvrir sa volonté absolue de pouvoir. Elle a dû se conduire en tenant compte des attentes des courtisans et du peuple. Pour comprendre les contradictions de sa politique, on a inventé des explications basées sur les croyances habituelles – la coutume, ce en quoi l'on voulait bien croire, ce qui semblait plausible. Jusqu'au jour de l'action dramatique, Cléopâtre a habilement entretenu cette apparente conformité à la coutume. S'il est vrai qu'elle n'a pas nourri elle-même ses propres fils, c'était la volonté de son second mari, selon sa suivante Laonice (acte II, sc. 2, v. 453). S'il est vrai qu'elle a manifesté une cruauté insigne envers Rodogune, sa future bru, c'était simplement un désespoir jaloux dû à la trahison de son premier mari, devenu lui-même amant de Rodogune[18]. De cette manière, il y a toujours une explication vraisemblable de la conduite de Cléopâtre, qui permet de ne pas voir la vérité de sa cruauté et de sa soif de pouvoir. Lorsque Cléopâtre déclare la vérité à Laonice – « Sais-tu que mon secret n'est pas ce que l'on pense ? » – celle-ci a du mal à croire à une vérité si nouvelle, inouïe (acte II, sc. 2). Devant chaque étape de la trame expliquée par Cléopâtre, Laonice essaie de substituer une explication plus facile à croire. La reine ne se voile plus dans les « vains fantômes d'État », mais tient un discours tyrannique, au sens pascalien du terme, qui passe outre la vraisemblance et s'impose par la force brute.

Si Laonice est surprise de voir surgir ce discours effrayant, il y a dans *Rodogune* un personnage qui est déjà au fait de la tyrannie de la reine régente. C'est Rodogune elle-même, victime depuis longtemps de la persécution de la reine. Pour poursuivre le parallèle avec l'analyse pascalienne des rapports entre vérité et cette rassurante non-vérité qu'est la coutume, nous pouvons dire que Rodogune tient le rôle du frondeur, de celui qui est prêt à bouleverser l'ordre établi en rappelant l'injustice et les coups de force dissimulés par la coutume.

---

[18] Selon Laonice. Voir acte I, sc. 5, p. 329.

Or, le « frondeur » est une personne intelligente mais imprudente, appartenant sans doute au groupe que Pascal appelle les « demi-habiles », ceux qui acceptent de mettre en danger la paix civile en parlant des fondements arbitraires de la société. Ce que disent les demi-habiles est *vrai*, mais c'est une vérité qu'il vaut mieux passer sous silence. Le « peuple », selon Pascal, ne trouverait pas de lui-même cette vérité parce qu'il prend la coutume pour l'ordre naturel des choses. Cette divergence entre le peuple et les demi-habiles est constatée à maintes reprises dans les *Pensées* : « Le peuple honore les personnes de grande naissance, les demi-habiles les méprisent disant que la naissance n'est pas un avantage de la personne mais du hasard […] » (L. 90/S. 124).

Tel un demi-habile pascalien, la Rodogune de Corneille est, au premier acte de la tragédie, le seul personnage qui ait pénétré les voiles dissimulant l'hideuse vérité de la reine Cléopâtre, et elle n'hésite pas à déclarer cette vérité à Laonice, qui est la confidente commune des deux personnages féminins. Le danger des demi-habiles, c'est que dans une fronde contre l'ordre arbitraire et injuste, ils risquent de devenir eux-mêmes les tyrans d'un nouvel ordre – c'est un cas, on le sait, qui n'est pas rare parmi les rebelles historiques. Et à mesure que l'intrigue de *Rodogune* se déroule, le personnage éponyme devient, en fait, l'image miroir de Cléopâtre, car elle exige des deux princes, Séleucus et Antiochus, un meurtre qui est analogue à celui commandé par la reine. Rodogune « aimera » celui des deux fils qui tuera sa mère, imposant donc à son soupirant une logique tyrannique que nous reconnaissons : « je suis fort, donc on doit m'aimer ».

Laonice, scandalisée par les déclarations froides et sans scrupule de ces deux reines rivales, leur oppose son propre discours incrédule, fait de commentaires ou de questions, et basé sur les croyances communes qui atténuent les féroces vérités de ceux et de celles qui briguent la puissance ultime. Mais cette incrédulité devant la vérité sanglante du tyran n'est qu'une crédulité à l'égard de la coutume qui nous berce. C'est la position du peuple, dans les termes de Pascal comme dans ceux de Corneille. Cléopâtre note avec mépris que la position adoptée par Laonice est celle du peuple : « N'apprendras-tu jamais, âme basse et grossière, / À voir par d'autres yeux que les yeux du vulgaire ? » (acte II, sc. 2, v. 487-488).

S'étant révélée *tout entière* à Laonice (n'oublions pas que, pour Pascal, cette insistance sur la vérité totale suggère un retour dangereux à la tyrannie première des origines de la société), Cléopâtre continue, néanmoins, à jouer le jeu de la vraisemblance quand elle se présente à ses fils. En effet, avec une maîtrise presque parfaite du rôle de la bonne mère, elle trouve des prétextes qui accommodent sa conduite à l'idée répandue que l'on se fait du type maternel. Ces adaptations externes à la vraisemblance illustrent ce que l'on appelait dans la poétique de l'époque des « couleurs [19] ». Voici la manière dont Cléopâtre explique son mariage à son beau-frère, après la mort présumée de son premier mari :

> Maître de votre État par sa valeur sauvé,
> Il s'obstine à remplir ce trône relevé,
> Qui lui parle de vous attire sa menace,
> Il n'a défait Tryphon, que pour prendre sa place,
> Et de dépositaire, et de libérateur
> Il s'érige en Tyran, et lâche usurpateur.
>
> (acte II, sc. 3, v. 545-550)

Ici Cléopâtre attribue à son second mari la stratégie qu'elle a conçue elle-même tout en représentant une image « vraisemblable » des événements : une reine courageuse, qui ne pense pas à son propre avantage mais à ses devoirs envers le royaume et envers ses fils, qui accepte humblement un mariage avec son beau-frère, et puis, qui reste sans pouvoir devant la tyrannie de celui-ci, tyrannie dans les deux sens du terme,

---

[19] JOHN D. LYONS, *Kingdom of Disorder : The Theory of Tragedy in Classical France*, West Lafayette, Indiana, Purdue University Press, 1999, p. 112-120. Voir aussi TIMOTHY MURRAY, *Theatrical Legitimation : Allegories of Genius in Seventeenth-Century England and France*, New York, Oxford University Press, 1987, p. 182-189.

d'usurpation et d'oppression. Nous autres spectateurs ou lecteurs de la pièce savons, d'après les révélations faites à Laonice, que ce rapport est faux, mais il est conforme à ce que le
peuple veut croire et, donc, à ce qui maintient la paix civile.
Est-ce que les deux princes croient à ce que leur mère
dit ? C'est possible. Et, en tout cas, ils prennent une position
modérée, ne souhaitant pas, comme le ferait un demi-habile,
sonder trop avant la vérité du passé. Antiochus demande à sa
mère de lui épargner les détails :

> Mais afin qu'à jamais nous les puissions bénir,
> Épargnez le dernier à notre souvenir.
> Ce sont fatalités dont l'âme embarrassée
> À plus qu'elle ne veut se voit souvent forcée.
> Sur les noires couleurs d'un si triste tableau
> Il faut passer l'éponge, ou tirer le rideau,
> Un fils est criminel, quand il les examine.
>
> (acte II, sc. 3, v. 589-595)

Or, il est clair que ce que dit Pascal sur les effets apaisants
de la coutume et sur le refus prudent de fouiller trop profondément les origines des choses (« sondant jusque dans leur
source ») s'applique à l'attitude des deux fils de Cléopâtre,
qui préfèrent le *statu quo*[20]. Ce serait troublant, c'est le moins
qu'on puisse dire, et contraire à la coutume, que la vérité de
la mort de leur père (tué par leur mère) soit divulguée.

La tension entre cette incroyable vérité, qu'on ne veut pas
entendre, et la vraisemblance, les croyances auxquelles on
s'est accoutumé, constitue le fondement de la poétique de la
tragédie telle que Corneille la présente dans ses *Trois discours
sur le poème dramatique*, comme elle l'est de l'apologétique
pascalienne.

Ailleurs dans ce volume Bénédicte Louvat-Molozay présente avec élégance et lucidité la position de Corneille sur la

---

[20] Même quand Cléopâtre exprime le souhait que l'un d'eux tue Rodogune, et dit qu'elle fera une déclaration mensongère sur leur ordre de naissance
pour récompenser l'assassin, ils refusent de renverser l'ordre politique établi.

vraisemblance et le sujet tragique ». Il suffit ici, donc, de souligner les rapports entre la vérité historique et l'invraisemblance, car c'est ce qui forme le lien le plus fort entre les idées de
Corneille et celles de Pascal sur l'invraisemblance du pouvoir.
Le *Cid* est, pour Corneille, le modèle de la tragédie dans son
action centrale : une femme demande la mort de l'homme
qu'elle aime, sans pourtant obtenir cette mort malgré tous ses
efforts[21]. Hautement invraisemblable, ce sujet est justement
très émouvant, mais il ne faut pas, selon Corneille *inventer*
ces sujets car ils sont difficiles à croire. Pour Corneille, il y a
d'un côté la vérité, qui est historique et exceptionnelle, et de
l'autre le vraisemblable, qui correspond à nos habitudes et à
nos attentes. Cette dernière apparaît sans temporalité dans la
mesure où c'est ce qui arrive *toujours*, ou en tout cas *le plus
souvent*, ou même c'est ce qui *devrait toujours arriver*[22].
Quant aux vérités historiques qui sont bonnes pour la tragédie,
elles sont ce qui n'arrive *presque jamais* et elles retiennent
l'attention de l'historien qui les rattache à un moment spécifique de l'histoire. Pour justifier son recours à des histoires
d'une violence extrême entre proches, Corneille inclut, dans la
forme publiée de ses tragédies, une documentation historique
de ces événements étranges mais vrais[23].

Corneille et Pascal, tous deux, mettent leurs lecteurs dans
la connivence d'une démystification de la vraisemblance.

---

[21] PIERRE CORNEILLE, *op. cit.*, vol. III, p. 153. Le dramaturge écrit également : « C'est donc un grand avantage pour exciter la commisération que la
proximité du sang, et les liaisons d'amour ou d'amitié entre le persécutant et
le persécuté ». *Id.*

[22] Nous rappelons que l'un des plus grands dangers à l'ordre établi, selon
Pascal, est que le peuple puisse découvrir que les lois qui *paraissent* perma-
nentes sont en fait sujettes au changement. L'étude de l'histoire peut donc
motiver la rébellion.

[23] Cléopâtre tua, selon les sources historiques, son mari et l'un de ses fils.
Elle fut tuée par un autre fils. Corneille était fier d'avoir surmonté la difficulté
d'inventer des incidents et des personnages capables de combler l'abîme entre
les faits bruts de l'histoire et les exigences du public moderne en matière de
vraisemblance, c'est-à-dire de trouver « des acheminements vraisemblables à
l'effet dénaturé que [lui] présentait l'Histoire ». *Op. cit.*, vol. II, p. 196.

Dans le cas de Pascal, le contraste entre le savoir de l'homme sage (*l'habile*) ou même du « Chrétien parfait », d'un côté, et celui du peuple ou du demi-habile, de l'autre, est un indice d'une vérité transcendante qui n'est pas entièrement effacée du cœur. Et pourtant le lecteur, tout en sachant que le monde est injuste, doit maintenir l'ordre mondain, devenant ainsi de mauvaise foi, préférant dans la vie de tous les jours la vraisemblance à la vérité. Le lecteur des *Pensées* reconnaît que la coutume est simplement une tyrannie devenue invisible. Penser l'origine de la société, c'est redonner à la tyrannie son actualité insoutenable. Le spectateur cornélien et le lecteur pascalien éprouvent, donc, une tension nécessaire entre vraisemblable et invraisemblable. Si cette tension venait à manquer, les projets dramatique et apologétique de ces auteurs n'atteindraient pas le but visé. Dans les deux cas, la vérité monstrueuse est reconnue, puis enterrée ou refoulée. Après tout, si la vérité s'identifie avec la tyrannie, ne peut-on pas la liquider ? N'oublions pas cette sentence terrible de Jean de Salisbury : « Il n'est pas permis qu'on flatte un ami, mais il est permis de flatter un tyran. Or, en effet, s'il est permis de flatter quelqu'un, il est permis également de le tuer[24] ».

---

[24] *Policraticus, sive De nugis Curialium et Vestigiis Philosophorum*, Leyde, Jean Maire, 1639, L. III, chap. 15, p. 25 : « Amico utique adulari non licet, sed aures tyrani mulcere licitum est. Ei namque licet adulari, quem licet occidere ».

BÉNÉDICTE LOUVAT-MOLOZAY
(Université de Montpellier III)

DE L'INVRAISEMBLANCE DU POUVOIR
AU POUVOIR DE L'INVRAISEMBLANCE

L'exemple de Corneille

Corneille, on le sait, a toujours adopté une position résolument originale par rapport aux théoriciens du théâtre du XVIIe
siècle, Chapelain et l'abbé d'Aubignac en tête, qui ont placé
la notion de vraisemblance au cœur du système de la représentation classique. Le fait est connu, et il est à l'origine des
querelles du *Cid* et d'*Horace*. L'histoire littéraire a par
ailleurs retenu quelques-unes des formulations cornéliennes
qui témoignent le plus ostensiblement de cette originalité, notamment celle qui figure dans l'« Avis au lecteur » d'*Héraclius*, où le dramaturge considère que « le sujet d'une belle
tragédie doit n'être pas vraisemblable », ou celle qui ouvre le
Discours de l'utilité et des parties du poème dramatique et
dans laquelle il affirme que « les grands Sujets qui remuent
fortement les passions, et en opposent l'impétuosité aux lois
du devoir ou aux tendresses du sang, doivent toujours aller
au-delà du vraisemblable ». Je me propose pourtant d'ouvrir
une nouvelle fois le dossier pour tâcher d'éclairer les enjeux
idéologiques de cette confrontation, enjeux qui touchent à la
fois à la représentation, sur la scène, des personnages qui incarnent le pouvoir, à la réception du spectacle tragique et aux
modalités de l'instruction ou de ce que Corneille appelle
« l'utilité » du poème dramatique. Ainsi m'a-t-il semblé nécessaire, pour mieux saisir la spécificité de la position cornélienne, de préciser d'abord les tenants et les aboutissants de la
théorie de l'abbé d'Aubignac en ce qui concerne la corrélation
entre vraisemblance, morale et réception.

Je commencerai d'abord par quelques considérations lexicales : il semble que le substantif « invraisemblance » ainsi que l'adjectif « invraisemblable » ne fassent leur entrée dans la langue française qu'au XVIIIe siècle. Si le mot n'existe pas, il n'en va pas de même, évidemment, pour la notion qu'il recouvre. On notera que le terme de « vraisemblable » utilisé en français constitue pour une large part la traduction de deux adjectifs italiens, eux-mêmes calqués sur le latin : *credibile* et *verisimile*. Le premier possède un antonyme, l'adjectif *incredibile*, rendu en français par « incroyable » ou « non crédible », et utilisé d'abord par les commentateurs italiens d'Aristote, qui combinent à l'envi, à l'instar de Castelvetro, les notions de possible, impossible, crédible et non crédible pour déterminer quelle catégorie ontologique d'événement le dramaturge doit privilégier.

Vraisemblance, invraisemblance et morale chez d'Aubignac

Si l'on retrouve bien ces adjectifs négatifs chez les théoriciens français, et notamment chez d'Aubignac, celui-ci enrichit notablement le lexique de l'invraisemblable. Dans sa récente édition de *La Pratique du théâtre*, Hélène Baby note que ce ne sont pas moins de cinq termes qui sont mis à profit par d'Aubignac pour exprimer l'invraisemblance : le dégoût, l'ennui (et l'adjectif « ennuyeux »), la froideur (et l'adjectif « froid »), le ridicule et l'insupportable, soit cinq termes qui appartiennent au lexique du goût[1]. C'est dire que, aux yeux de d'Aubignac, la vraisemblance se trouve indiscutablement liée à l'agrément, au plaisir du spectateur, ce qu'il affirme sans ambages : « Le Théâtre doit tout restituer en état de vraisemblance et d'agrément[2] ». C'est dire aussi que le primat accordé à la vraisemblance se fonde, dans la théorie élaborée par d'Aubignac,

---

[1] Voir p. 520 et suivantes des « Observations » qui complètent l'édition de FRANÇOIS HÉDELIN, ABBÉ D'AUBIGNAC, *La Pratique du théâtre*, Hélène Baby (éd.), Paris, H. Champion (Sources classiques), 2001.

[2] « Du sujet », L. II, chap. 1, dans ABBÉ D'AUBIGNAC, *op. cit.*, p. 114.

sur l'expérience du spectateur et sur ce qu'Hélène Baby définit comme une appréhension immédiate et sensible de la scène[3] : si le spectateur juge telle scène, tel procédé, telle option de mise en scène (des changements de décor contraires à l'unité de lieu par exemple) ou tel sujet « ennuyeux », « froid » ou « ridicule », le théoricien se déclare en droit de considérer que lesdits scène, procédé, option de mise en scène ou sujet sont contraires à la vraisemblance. Loin de s'appuyer sur la raison, la vraisemblance est donc une affaire de goût. Or le goût ne saurait constituer une entité en soi, un mode d'appréhension vierge de tout déterminisme social, historique et culturel, de sorte que la vraisemblance se trouve bien fondée, en définitive, sur l'idéologie de l'époque ou sur ce que les hommes du XVII° siècle nomment les mœurs.

C'est ce que d'Aubignac avoue explicitement, dans un passage clef de *La Pratique du théâtre* qui intéresse directement notre propos en ce qu'il touche à la fois à la représentation du pouvoir royal et à la crédibilité du spectacle théâtral. Après avoir affirmé, de manière générale, que « si le Sujet n'est conforme aux mœurs et aux sentiments des Spectateurs, il ne réussira jamais [...], car les Poèmes Dramatiques doivent être différents selon les Peuples devant lesquels on les doit représenter[4] », il applique son jugement à la tragédie puis à la comédie, considérant que nombre de sujets et de types du théâtre antique ne peuvent plus prendre place sur la scène française, au risque de choquer les spectateurs et donc de ne pas être reçus comme vraisemblables. Au nombre de ces types figure le mauvais roi ou le roi tyrannique, personnage habituel dans la tragédie grecque, dont les spectateurs goûtaient

> [...] les cruautés et les malheurs des Rois, les désastres des familles illustres, et la rébellion des Peuples pour une mauvaise action d'un Souverain ; parce que l'État dans lequel ils vivaient, étant un gouvernement Populaire, ils se voulaient entretenir dans cette croyance, Que la Monarchie est toujours ty-

---

[3] HÉLÈNE BABY, « Observations », dans abbé d'Aubignac, *op. cit*, p. 520 et *sq*.
[4] ABBÉ D'AUBIGNAC, « Du sujet », dans *op. cit.*, p. 119.

rannique, dans le dessein de faire perdre à tous les Grands de
leur République le désir de s'en rendre Maîtres, par la crainte
d'être exposés à la fureur de tout un Peuple, ce que l'on esti-
mait juste : Au lieu que parmi nous le respect et l'amour que
nous avons pour nos Princes, ne peut permettre que l'on donne au Public ces spectacles pleins d'horreur ; nous ne voulons
point croire que les Rois puissent être méchants, ni souffrir
que leurs Sujets, quoiqu'en apparence maltraités, touchent
leurs Personnes sacrées, ni se rebellent contre leur Puissance,
non pas même en peinture ; et je ne crois pas que l'on puisse
faire assassiner un Tyran sur notre Théâtre avec applaudisse-
ment, sans de très signalées précautions[5].

En 1663, soit six ans après la parution de *La Pratique du
théâtre*, à laquelle Corneille avait répondu par la publication
des trois *Discours* placés en tête de chacun des volumes qui
composaient son Théâtre complet en 1660, d'Aubignac reprend
ces considérations et les applique de manière extrêmement critique à l'*Œdipe* de Corneille. Au nombre des défauts de la pièce figure en effet la représentation du roi de Thèbes et, plus
largement, l'invraisemblance, c'est-à-dire le caractère irrecevable, sur le plan moral comme sur le plan politique, de la représentation du pouvoir royal à laquelle Corneille s'est livré :

[…] Corneille devait considérer qu'il mettait son Œdipe sur le
Théâtre français, et que ce n'est pas là qu'il faut manifester les
grands malheurs des familles Royales, quand ils sont mêlés
d'actions détestables et honteuses, et que les sujets se trouvent
enveloppés dans le châtiment que le Ciel en impose à la Terre.
À quoi bon de faire voir au peuple, que ces têtes couronnées ne
sont pas à l'abri de la mauvaise fortune, que les désordres de
leur vie, quoique innocente, sont exposés à la rigueur des puissances supérieures, qu'ils enveloppent dans la vengeance de
leurs fautes tous ceux qui dépendent de leur souveraineté,
qu'une légère imprudence, ou pour mieux dire encore, le mal-
heur imprévu d'un Prince, attire sur les siens une peste générale
et la désolation de tout un Royaume ? C'est leur donner sujet,
quand il arrive quelque infortune publique, d'examiner toutes
les actions de leurs Princes, de vouloir pénétrer dans les secrets

---

[5] *Ibid.*, p. 119-120.

de leur cabinet, de se rendre juges de tous leurs sentiments, et de leur imputer tous les maux qu'ils souffrent, et qui ne doivent être que la punition de leurs propres iniquités[6].

Enfin, après avoir rappelé que le dramaturge doit plaire et instruire, d'Aubignac conclut en conseillant à Corneille de relire Horace et propose cette formule : « il faut enseigner des choses qui maintiennent la société publique[7] ». La tragédie doit ainsi contribuer à la cohésion sociale et à l'éducation du peuple, soit, pour une large part, à son maintien dans une forme d'inertie et d'ignorance et, pour ce faire, le dramaturge doit conformer sa représentation du pouvoir à l'image que le peuple en a ou, plus exactement, à l'image qu'il doit en avoir. Un théâtre au secours des institutions politiques et sociales, qui s'interdirait absolument de mettre à nu les mécanismes du pouvoir et constituerait au contraire un garant de la fonction royale et de son caractère sacré, voilà le théâtre que propose d'Aubignac.

Mais la position du théoricien a également des conséquences importantes pour ce qui concerne la définition de la tragédie, de ses sujets et des personnages qui l'habitent. En composant son *Œdipe*, Corneille reprenait en effet le sujet de l'une des plus grandes tragédies de tous les temps et surtout, l'un des, sinon le sujet archétypal de la tragédie, érigé en modèle par Aristote et par l'ensemble de ses commentateurs. Aussi, en déconseillant, sinon en interdisant aux dramaturges de porter sur la scène le sujet d'*Œdipe roi* et, plus largement, tous les sujets qui présentent des analogies avec lui, d'Aubignac restreint-il l'étendue des sujets tragiques et engage-t-il un infléchissement notable dans la conception même du sujet de tragédie – d'autant que la critique d'*Œdipe* dépasse largement la question de la représentation de la personne royale, d'Aubignac allant jusqu'à condamner les ressorts principaux du sujet, soit le parricide et l'inceste commis par le personna-

---

[6] ABBÉ D'AUBIGNAC, *Dissertation sur Œdipe*, dans *Dissertations contre Corneille*, Nicholas Hammond et Michael Hawcroft (éds.), Exeter, University of Exeter Press, 1995, p. 89.

[7] *Id.*

ge. Le dramaturge, en effet, devra se conformer rigoureuse-
ment aux mœurs contemporaines et ne pas mettre en scène,
surtout, de rois coupables ou mauvais ; il y va bien d'une moralisation de la scène et, partant, d'une transformation des
constituants mêmes des différents genres dramatiques. Que serait une comédie sans valets fourbes ? une tragédie sans violence et sans rois victimes de grands malheurs arrivés, en partie au moins, par leur faute ? Que devient, en outre, la
conception humaniste, encore vivace au XVIIe siècle, d'une
tragédie comme miroir et école des rois, si l'on ne peut plus
mettre en scène de rois dont la conduite est déviante ?

Enfin, la position de d'Aubignac postule, en son fondement même, une conception singulièrement réductrice du public, de ses compétences et des modalités de son instruction.
Le principe de l'illusion mimétique, qui est au cœur de *La
Pratique du théâtre*, définit non seulement le fonctionnement
de la représentation théâtrale mais encore celui de l'instruction, de la transmission d'un enseignement, qu'il soit de nature morale, sociale ou politique. D'Aubignac ne croit ni au
filtre esthétique de la représentation tragique, ni à la capacité
de distanciation du spectateur qui, selon lui, jugera invraisemblable toute conduite ou action immorale ou – et ce serait bien
pire – s'identifiera tellement aux personnages vicieux qu'il re-
produira de telles conduites ou de telles actions.

La position cornélienne

C'est contre une telle conception du théâtre, et particulièrement de la tragédie, que s'élabore l'ensemble de l'œuvre de Corneille, d'une œuvre qui n'est pas strictement immorale ni même,
je crois, amorale – comme le soutient Georges Forestier[8] – mais
dans laquelle la morale est toujours corrélée à l'esthétique et
à la réception du spectacle tragique. Et c'est d'abord sur le

---

[8] GEORGES FORESTIER, *Essai de génétique théâtrale : Corneille à l'œuvre*,
Paris, Klincksieck, 1996, *passim*.

plan de la réception que la position cornélienne diffère de celle
de ses contemporains et notamment de celle de d'Aubignac.
Corneille, en effet, conçoit un spectateur suffisamment libre et
intelligent pour ne pas tomber dans le piège de l'illusion mimétique et pour être capable d'observer la frontière entre la salle et
la scène, frontière esthétique mais aussi éthique et idéologique,
qui devrait lui permettre de ne pas condamner telle conduite qui
serait immorale si elle était réelle et contemporaine, mais qui ne
l'est plus si l'on considère qu'elle est historique ou/et qu'elle est
façonnée par les contraintes du genre tragique. Aussi Corneille
n'identifie-t-il pas, contrairement à d'Aubignac et à la quasi-totalité des théoriciens et des dramaturges de son temps, horrible
et incroyable. Le fait est patent en ce qui concerne le traitement
des caractères et l'invention du sujet de la tragédie. Lorsque,
dans le *Discours de l'utilité et des parties du poème*
dramatique, il définit, parmi les qualités du caractère ou du personnage dramatique, ce qu'il nomme, à la suite d'Aristote et de
ses commentateurs, la « bonté » des mœurs ou des caractères, il
récuse l'une des interprétations les plus couramment acceptées
de ce terme et qui veut que les personnages soient bons, c'est-à-
dire vertueux. Pour Corneille, la « bonté » du caractère ne se
comprend qu'en termes esthétiques et définit la qualité de la représentation et non celle du caractère lui-même. À l'exemple de
Néron éventrant sa mère et dont la barbarie, écrit d'Aubignac,
« serait non seulement horrible à ceux qui la verraient, mais
même incroyable, à cause que cela ne devait point arriver[9] »,
répond chez Corneille l'exemple de Cléopâtre :

> Cléopâtre dans *Rodogune* est très méchante, il n'y a point de
> parricide qui lui fasse horreur […] ; mais tous ses crimes sont
> accompagnés d'une grandeur d'âme qui a quelque chose de si
> haut, qu'en même temps qu'on déteste ses actions, on admire
> la source dont elles partent[10].

[9] Abbé d'Aubignac, « De la vraisemblance », L. II, chap. 2, dans *La*
Pratique, op. cit., p. 125.
[10] Pierre Corneille, *Discours de l'utilité et des parties du poème dra-*
matique, 1660, dans *Trois Discours sur le poème dramatique*, Marc Escola et
Bénédicte Louvat (éds.), Paris, GF Flammarion, 1999, p. 78-79.

Quant au sujet de la tragédie, fondé pour Corneille – qui s'appuie sur Aristote – sur le surgissement des violences au sein des alliances, il est, de manière constitutive, immoral et contre-nature. C'est ce qui justifie le principe selon lequel les grands sujets de tragédie doivent toujours aller au-delà du vraisemblable et, en conséquence, s'appuyer, pour être crus, sur l'autorité de l'Histoire ou de la légende. Cet aspect de la dramaturgie cornélienne est bien connu, et Georges Forestier et John D. Lyons en ont analysé les ressorts essentiels[11]. Je ne m'y attarderai donc pas.

Ce que je voudrais montrer maintenant, c'est comment ces positions de principe, qui postulent une forme d'indifférence à l'égard de la morale et de la vraisemblance entendue comme adéquation aux mœurs contemporaines, se trouvent adaptées et infléchies dans les pièces de Corneille et même dans son œuvre théorique. Pour ce faire, je m'appuierai essentiellement sur quatre pièces, qui me semblent significatives de l'évolution de la position cornélienne à l'égard de l'invraisemblance, et tout particulièrement de l'invraisemblance éthique du pouvoir politique ou héroïque : *Le Cid*, *Horace*, *Cinna* et *Nicomède*.

Pratiques cornéliennes de l'invraisemblance : Le Cid, Horace, Cinna *et* Nicomède

La querelle du *Cid* ainsi que l'embryon de querelle auquel a donné lieu *Horace* trois ans plus tard, ont pour enjeu principal, on le sait, l'invraisemblance de la conduite de deux personnages, Chimène dans un cas, Horace dans l'autre. Or il apparaît que dans *Le Cid* l'invraisemblance de la conduite de Chimène se trouve cautionnée et même ordonnée par le pouvoir politique, en l'occurrence par son représentant, le roi don Fernand. Plus encore, c'est la volonté de

[11] Georges Forestier, *Essai de génétique théâtrale : Corneille à l'œuvre*, ouvr. cité ; John D. Lyons, *The Tragedy of Origins : Pierre Corneille and Historical Perspective*, Stanford, Stanford University Press, 1996.

don Fernand qui, dans l'adaptation du sujet espagnol que
Corneille propose, doit rendre excusable et, partant, rece-
vable, le mariage de Chimène et de Rodrigue. Si le roi
constitue, par rapport au couple principal et même par rapport à don Diègue, un personnage secondaire, peu présent
sur la scène, si Corneille, comme il le reconnaît lui-même
dans l'« Examen » de *Clitandre*, l'a fait paraître comme juge
et seulement comme juge – ce qui constitue à ses yeux un
mode de figuration du roi passablement défectueux –, le personnage n'en possède pas moins un rôle capital dans l'ache-
minement du dénouement et, avant cela, comme outil de
scansion du texte. Deux scènes jumelles, situées à la fin du
deuxième acte et à la fin du quatrième rythment notamment
la pièce ; le roi, surtout, à l'issue du duel judiciaire qui a opposé Rodrigue à don Sanche, ordonne par deux fois (à la fin
de la sixième scène, puis à la fin de la septième et dernière
scène de l'acte V) à Chimène d'épouser Rodrigue et la lave,
par sa seule autorité, de toute culpabilité :

> Ma fille il ne faut point rougir d'un si beau feu,
> Ni chercher les moyens d'en faire un désaveu :
> Une louable honte en vain t'en sollicite,
> Ta gloire est dégagée, et ton devoir est quitte,
> Ton père est satisfait, et c'était le venger
> Que mettre tant de fois ton Rodrigue en danger.
> Tu vois comme le Ciel autrement en dispose,
> Ayant tant fait pour lui, fais pour toi quelque chose,
> Et ne sois point rebelle à mon commandement
> Qui te donne un époux aimé si chèrement. (acte V, sc. 6)

Scudéry et Chapelain n'ont pas été insensibles à ce recours
à l'autorité royale, qui est censé atténuer l'invraisemblance de
la conduite de l'héroïne, mais tous deux l'ont condamné : ce
mariage, écrit Scudéry,

> [...] était bon pour l'Historien, mais il ne valait rien pour le
> Poète ; et je ne crois pas qu'il suffise, de donner des répu-
> gnances à Chimène ; de faire combattre le devoir contre
> l'amour ; de lui mettre dans la bouche mille antithèses sur ce

sujet ; *ni de faire intervenir l'autorité d'un Roi* ; car enfin,
tout cela n'empêche pas qu'elle ne se rende parricide, en se
résolvant d'épouser le meurtrier de son Père[12].

Même analyse chez Chapelain, qui considère que le sujet de
la pièce n'est pas vraisemblable, parce que Chimène « consent
à ce mariage par la seule violence que lui fait son amour, et
[que] le Dénouement de l'intrigue n'est fondé que sur l'injustice inopinée de Fernand qui vient ordonner un mariage, que par
raison il ne devait pas seulement proposer[13] ». Chapelain ne se
contente pas, toutefois, de reprendre les critiques de Scudéry, et
les *Sentiments de l'Académie* comportent un volet positif, à savoir trois réécritures du dénouement du *Cid* qui auraient permis
à l'œuvre de se conformer aux exigences de la vraisemblance.
Les deux premiers rattachaient explicitement la pièce à l'esthétique de la tragi-comédie, puisqu'ils reposaient sur deux ressorts traditionnels du genre, la fausse mort (du Comte) ou la reconnaissance (que le père de Chimène ne fût pas son père) ; le
troisième, plus difficilement qualifiable en termes génériques,
constituait une forme de radicalisation du rôle consenti par
Corneille au pouvoir royal. Il s'énonce ainsi :

> […] il y aurait eu sans comparaison moins d'inconvénient
> dans la disposition du *Cid*, de feindre contre la vérité, ou que
> le Comte ne se fût pas trouvé à la fin le véritable Père de Chi-
> mène, ou que contre l'opinion de tout le monde il ne fût pas
> mort de sa blessure ; ou que le salut du Roi et du Royaume
> eût absolument dépendu de ce mariage, pour compenser la
> violence que souffrait la Nature en cette occasion, par le bien
> que le Prince et son État en recevrait[14].

Il apparaît ainsi que, au-delà d'un certain seuil, où la décision
du pouvoir peut encore être appréhendée en termes d'« injusti-

---

[12] GEORGES DE SCUDÉRY, *Observations sur* Le Cid, dans PIERRE COR-
NEILLE, *Œuvres complètes*, Georges Couton (éd.), Paris, Gallimard (Bibliothèque de la Pléiade), 1980, vol. I, p. 785. Je souligne.
[13] [CHAPELAIN], *Sentiments de l'Académie sur* Le Cid, dans *ibid.*, p. 809.
[14] *Id.*

ce » et de défaut de « raison », le pouvoir peut être garant d'une invraisemblance morale reconnue comme telle. Et c'est bien en ces termes que peut se justifier le cinquième acte d'*Horace*, à ceci près – et la différence, surtout aux yeux de Corneille, est de taille – que le dénouement de la pièce suit scrupu leusement l'Histoire et qu'il ne s'agit donc rien moins que d'un dénouement corrigé pour entrer dans le cadre de la vraisemblance. Si l'on s'en tient aux structures de la pièce, il ressort que le rôle du roi Tulle, présent dans le seul cinquième acte, où il combine les emplois de juge et de roi, ne répond qu'à cette fonction. L'acte tout entier est conçu comme un procès, où se font entendre tour à tour l'accusation (Valère) et les trois plaidoyers (Horace, Sabine, le vieil Horace) avant que le roi ne prononce son jugement, jugement sur lequel s'achève la pièce. Corneille a, certes, pris la précaution de faire entendre d'abord un réquisitoire dont les arguments sont, pour l'essentiel, repris au *Discours sur la première décade de Tite-Live*, dans lequel Machiavel condamnait l'absolution d'Horace, puis de multiplier les systèmes de défense ; il n'en demeure pas moins que c'est à la seule autorité du pouvoir et à la considération de la survie de l'État qu'Horace doit son salut, c'est à dire non pas certes la légitimation mais l'absolution de son geste parricide : « De pareils serviteurs sont les forces des Rois, / Et de pareils aussi sont au-dessus des lois » (acte V, sc. 3).

Ces deux premières pièces se caractérisent ainsi par la représentation d'une forme d'invraisemblance cautionnée par le pouvoir politique, caution que vient renforcer et autoriser à son tour, dans la théorie cornélienne, le primat accordé à l'Histoire, mais également, sur le plan des structures mêmes de l'*inventio*, le choix de sujets extraordinaires comportant des conflits entre proches ainsi qu'une conception du héros tragique encore très proche de celle d'Aristote, et qui trouve à s'incarner de manière exemplaire dans le personnage d'Horace, soit un héros coupable d'une faute (comme l'analyse encore Georges Forestier[15]).

---

[15] GEORGES FORESTIER, *op. cit.*, p. 112 et *sq.*

Avec *Cinna*, Corneille reprend le principe d'un conflit entre
proches et présente, comme dans *Le Cid*, des personnages qui
veulent faire périr un proche et sont empêchés d'y parvenir.
Dans le cas de *Cinna*, c'est un renversement qui, pour être historique, n'en constitue pas moins, sur le plan des structures dramatiques, un coup de théâtre, qui vient empêcher que la scène ne
soit ensanglantée. C'est dire que la pratique cornélienne de la
tragédie historique connaît ici un premier infléchissement : le
dénouement heureux, qui après avoir épargné Auguste, épargne
à leur tour les conjurés, vient faire coïncider fidélité à l'Histoire
et triomphe de la morale. Dira-t-on dès lors que Corneille, après
la querelle du *Cid*, après les critiques adressées à *Horace*, a fini
par se ranger à l'avis de ses juges et que, conformément aux
principes établis par les champions de la vraisemblance, il a dé-
cidé, d'une part de plier la tragédie aux exigences de la vraisemblance (*dispositio*), d'autre part de ne mettre en scène que des
sujets historiques conformes à ladite vraisemblance (*inventio*) ?
Rien n'est moins sûr ; et si l'on observe une orientation plus
morale dans les tragédies cornéliennes après *Horace*, elle ne
coïncide pas, loin s'en faut, avec un respect de la vraisemblance.

Je ferai ici l'hypothèse qu'une seconde forme d'invraisemblance se substitue progressivement, chez Corneille, à la première : une invraisemblance morale – ou « positive » –, mais
extraordinairement, et presque miraculeusement morale, qui
succède à l'invraisemblance immorale – ou « négative ». Cette seconde forme d'invraisemblance, probablement parce
qu'elle est morale, et que ce qui est moral, et même extraordinairement moral, semble plus croyable que ce qui ne l'est pas,
ne se distingue d'ailleurs pas nettement de ce que Corneille, à
la suite des théoriciens italiens et français, nomme le vraisemblable extraordinaire. Avant d'examiner *Nicomède*, qui témoigne exemplairement de cette corrélation entre triomphe de
la morale et invraisemblance ou, à tout le moins, d'une
conception très large et très souple de la vraisemblance – même entendue comme vraisemblance extraordinaire – je ferai
d'abord retour sur le texte des *Discours* pour montrer comment l'infléchissement que j'ai nommé se trouve théorisé.

Trois passages ou, plus exactement, trois aspects de la conception cornélienne de la tragédie me semblent devoir être rappelés. Tout d'abord, dans le développement dévolu à « l'utilité » du poème dramatique, Corneille note ainsi que, aux trois modalités antiques de l'instruction que sont les discours généraux, la « naïve peinture des vices et des vertus » et la catharsis, le théâtre moderne a ajouté une quatrième, qui consiste dans « la punition des mauvaises actions et la récompense des bonnes[16] ». Cette quatrième utilité, qui n'est, en réalité, que la quatrième des formes de l'instruction constitue un usage, adopté par les dramaturges parce qu'elle plaît au public[17]. La morale est donc discrètement réintroduite, et avec elle une conception du public moins éloignée qu'il n'y paraît de la position de d'Aubignac. Cette « habitude » est une nouvelle fois mentionnée dans le *Discours de la tragédie* lorsque Corneille réhabilite un schéma tragique condamné par Aristote au motif qu'il lui semble ne pas pouvoir susciter la crainte et la pitié : celui où, le poursuivant connaissant l'identité de celui qu'il poursuit, est empêché *in extremis* de mettre en œuvre son projet criminel. Ce schéma, qui structure en profondeur la quasi-totalité des tragédies cornéliennes depuis *Le Cid*, et auquel seules quelques pièces, parmi lesquelles *Horace*, *Médée* et *Polyeucte* font exception, constitue aux yeux de Corneille le principe même de la tragédie « sublime ».

Or il apparaît qu'un tel schéma combine triomphe de la morale et recours à la vraisemblance extraordinaire. Corneille écrit en effet :

> [...] quand [les poursuivants] font de leur côté tout ce qu'ils peuvent, et qu'ils sont empêchés d'en venir à l'effet par quelque Puissance supérieure, ou par quelque changement de fortune qui les fait périr eux-mêmes, ou les réduit sous le pou-

---

[16] PIERRE CORNEILLE, *Discours de l'utilité et des parties du poème dramatique*, dans *Trois Discours, op. cit.*, p. 68-70.
[17] On lit en effet : « C'est cet intérêt qu'on aime à prendre pour les vertueux qui a obligé d'en venir à cette autre manière de finir le Poème Dramatique par la punition des mauvaises actions et la récompense des bonnes, qui n'est pas un précepte de l'Art, mais un usage que nous avons embrassé, dont chacun peut se départir à ses périls ». *Ibid.*, p. 70.

voir de ceux qu'ils voulaient perdre, il est hors de doute que
cela fait une Tragédie d'un genre peut-être plus sublime, que
les trois qu'Aristote avoue, et que s'il n'en a point parlé, c'est
qu'il n'en voyait point d'exemples sur les Théâtres de son
temps, où ce n'était pas la Mode de sauver les bons par la
perte des méchants, à moins que de les souiller eux-mêmes de
quelque crime [...][18].

Le lexique utilisé ici par Corneille, et notamment les
termes de « Puissance supérieure » et « changement de fortune » est celui-là même qu'il utilise, quelques pages plus loin,
lorsqu'il définit la vraisemblance extraordinaire. Cette catégorie avait été définie avant lui en France par Chapelain et La
Mesnardière, et permettait de rassembler les événements qui
se produisent contre le vraisemblable sans être pour autant invraisemblables ; de tels événements obéissent en effet au principe, formulé par Aristote, selon lequel « il est vraisemblable
que beaucoup de choses se produisent aussi contre le vraisemblable[19] ». Cette vraisemblance « rare ou extraordinaire[20] »
comme la nomme La Mesnardière a, dès l'origine, partie liée
avec la morale, et les exemples donnés par Aristote et repris
par tous ses commentateurs, y compris Corneille, en témoignent sans ambiguïté : il s'agit par exemple du cas où un héros « habile, mais méchant » est trompé, « ou lorsqu'un héros,
courageux mais injuste, est vaincu[21] ». La Mesnardière réunit
ces exemples par une formule synthétique : les cas « où le ca-

---

[18] PIERRE CORNEILLE, *Discours de la tragédie*, dans *Trois Discours, op.
cit.*, p. 108.
[19] ARISTOTE, *Poétique*, chap. 18, Roselyne Dupont-Roc et Jean Lallot
(éds.), Paris, Éditions du Seuil, 1980, p. 99.
[20] « Je nomme cette Vraisemblance Rare, ou extraordinaire, pource qu'encore que ces succès ne soient ni selon l'apparence, ni selon l'ordre commun,
qu'ils soient extraordinaires, et par conséquent assez rares, nous voyons pourtant quelquefois de ces Événements trompeurs, soit dans la fin des combats, ou
dans le cours des affaires, où le caprice de la Fortune favorise l'innocence, et
fait que les plus subtils sont trompés par les imprudents ». HIPPOLYTE JULES
PILET DE LA MESNARDIÈRE, « La Fable, ou la composition du sujet », chap. 5,
dans *La Poétique* [1639], Genève, Slatkine Reprints, 1972, p. 39-40.
[21] ARISTOTE, *op. cit.*, chap. 18, p. 99.

price de la Fortune favorise l'innocence[22] ». Les théoriciens, toutefois, déconseillent aux dramaturges de recourir à ce type de vraisemblance, en raison de la « répugnance » naturelle que le spectateur a à « croire le principe d'où [elle part][23] ». De son côté, Corneille non seulement ne se prive pas d'y recourir, mais propose encore une définition renouvelée de la catégorie. Celle-ci, tout d'abord, se trouve définie en termes statistiques : alors que l'événement vraisemblable ordinaire « est une action qui arrive plus souvent, ou du moins aussi souvent que sa contraire[24] », l'événement vraisemblable extra-ordinaire « est une action qui arrive à la vérité moins souvent que sa contraire[25] » ; la deuxième originalité tient à la manière dont Corneille statue sur les marges ou les frontières, en amont et en aval, de l'événement extraordinaire et que l'on peut réduire au vrai d'un côté, au merveilleux ou, plus exactement, au miraculeux de l'autre : cet événement en effet

> [...] ne laisse pas d'avoir sa possibilité assez aisée, pour n'aller point jusqu'au miracle, ni jusqu'à ces événements singuliers, qui servent de matière aux Tragédies sanglantes par l'appui qu'ils ont de l'Histoire, ou de l'opinion commune[26].

Enfin, et conformément à ses prédécesseurs, Corneille souligne la dimension morale de cette vraisemblance extraordinaire. Après avoir rappelé les exemples canoniques, il les commente en ces termes : « il semble alors que la justice du Ciel ait présidé au succès, qui trouve d'ailleurs une croyance d'autant plus facile, qu'il répond aux souhaits de l'Auditoire, qui s'intéresse toujours pour ceux dont le procédé est le meilleur[27] ».

On voit bien pourquoi une telle catégorie a pu intéresser Corneille : du point de vue ontologique ou statistique, l'événement vraisemblable se situe à la frontière du vrai ou du

---

[22] *Id.*
[23] LA MESNARDIÈRE, *op. cit.*, p. 40.
[24] PIERRE CORNEILLE, *Discours de la tragédie*, dans *Trois Discours, op. cit.*, p. 127.
[25] *Id.*
[26] *Id.*
[27] *Id.*

merveilleux, soit deux pôles extrêmes bien représentés dans l'ensemble de son œuvre ; surtout, la catégorie combine avantageusement extraordinaire et morale, situant l'événement moral à la limite même du croyable. C'est ce qui apparaît de manière exemplaire dans *Nicomède*.

La pièce constitue, dans la carrière de Corneille, la troisième d'un cycle inauguré avec *Rodogune* et poursuivi avec *Héraclius*, dans lequel le dramaturge expérimente l'étendue du pouvoir d'invention et de liberté consenti au poète lorsqu'il reprend des sujets historiques. Avec *Nicomède*, Corneille prend la liberté de modifier jusqu'au dénouement historique puisqu'il choisit de laisser vivre Prusias, évitant ainsi le parricide originel. Au cinquième acte en effet, Attale, fils d'un second mariage, délivre Nicomède qui était sur le point d'être emmené à Rome comme prisonnier de l'ambassadeur Flaminius. Alors que, ainsi libéré et maître de ceux qui l'avaient persécuté, il pourrait se venger, il épargne Prusias, mais également Flaminius et sa belle-mère Arsinoé, et manifeste une grandeur d'âme qui force l'admiration. Ce cinquième acte comporte plusieurs invraisemblances – outre cette conduite exceptionnelle, qui semblerait tout à fait invraisemblable si elle n'avait été préparée et rendue crédible par la présentation, tout au long de la pièce, du caractère exceptionnellement généreux de Nicomède –, dont deux sont explicitement reconnues par Corneille : le temps de la représentation, tout d'abord, n'y coïncide pas avec le temps de l'action (les événements s'y pressent trop)[28] ; par ailleurs, le dramaturge fait revenir Flaminius et Prusias auprès de la reine Arsinoé deux scènes seulement après qu'ils ont quitté le palais, et à seule fin de réunir tous les personnages

---

[28] Pour Corneille cependant, et parce que « le Spectateur est alors dans l'impatience de voir la fin », « le cinquième [acte] par un privilège particulier a quelque droit de presser un peu le temps, en sorte que la part de l'action qu'il représente en tienne davantage qu'il n'en faut pour sa représentation », ce qui apparaît dans *Nicomède*, où « Prusias et Flaminius […] n'ont pas tout le loisir dont ils auraient besoin pour se rejoindre sur la Mer, consulter ensemble, et revenir à la défense de la Reine ». *Discours des trois unités*, dans *Trois discours, op. cit.*, p. 146.

pour le tableau final. On peut, en dernier lieu, considérer contraire à la vraisemblance la « conversion » d'Arsinoé qui, en l'espace de quelques vers, se repent et reconnaît, dans la toute dernière scène, la générosité du héros ; une telle conduite paraît enfreindre le principe de l'« égalité » du caractère rappelé par Corneille dans le premier *Discours*. Mais le caractère extraordinaire de ce dénouement dans son ensemble – auquel les différents constituants que je viens de rappeler confèrent précisément son exemplarité – est souligné par Corneille dans l'« Avis au lecteur » : il y élève, pour la première et la dernière fois, et pour rendre compte de cette seule pièce, l'admiration au rang d'émotion esthétique propre à se substituer au couple traditionnel que forment la crainte et la pitié, inaugurant ainsi une catharsis d'un genre nouveau, fondé sur le pouvoir, esthétique et moral, de l'invraisemblance « positive ».

Notre analyse aura permis d'esquisser un parcours, depuis *Le Cid* et *Horace*, qui incarnent une forme d'invraisemblance du pouvoir au sens où le pouvoir politique y ordonne ou, à tout le moins, y cautionne une invraisemblance éthique conçue comme écart négatif par rapport aux bienséances et à l'ordre moral et social jusqu'à *Nicomède*, dans laquelle l'invraisemblance a partie liée avec la morale et le triomphe extraordinaire, à la limite du croyable, de cette morale. Au centre de cette trajectoire, *Cinna* constitue un carrefour important, puisque cette alliance de la morale et de l'extraordinaire, sinon de l'invraisemblance, se trouve autorisée par l'Histoire elle-même.

Au terme du parcours, il convient cependant d'émettre deux réserves. Il semble, tout d'abord, difficile d'appliquer la démonstration ici proposée à l'ensemble de la production tragique de Corneille. De nombreuses pièces y échapperaient, dans lesquelles Corneille ne recourt plus au pouvoir pour asseoir l'invraisemblance « négative » de la conduite de ses personnages, sans toutefois faire jouer le pouvoir de l'invraisemblable et proposer de dénouement extraordinairement moral. De ce point de vue, *Nicomède* constitue probablement un *hapax*, de même que *Cinna* d'ailleurs, qui ajoutent aux caractéristiques déjà nommées celles d'un dénouement dans lequel même le sang des traîtres ou des méchants ne coule pas. Mais on peut postuler que ces deux pièces constituent les incarnations d'un idéal esthétique, d'un pôle extrêmement important dans l'œuvre de Corneille. La seconde réserve porte sur la frontière qui sépare, dans la théorie et la pratique cornéliennes, l'invraisemblance de la vraisemblance extraordinaire. Il semble que, dans le lexique cornélien, les conduites et événements que j'ai qualifiés d'invraisemblables relèvent, en droit, ou de la catégorie du vrai, ou de la catégorie du vraisemblable extraordinaire. S'ils sont vrais, il n'importe pas de savoir s'ils s'écartent de la vraisemblance, puisqu'ils tirent leur crédibilité du fait, précisément, qu'ils sont attestés par l'Histoire – ce qui est le cas dans *Cinna*. S'ils ne sont pas vrais, ils relèvent nécessairement du vraisemblable extraordinaire, qui constitue la limite assignée à l'invention du dramaturge et au-delà de laquelle il ne peut prétendre être cru. Le dramaturge, en effet, peut

> [...] choquer la vraisemblance particulière par quelque altération de l'Histoire, mais non pas se dispenser de la générale, que rarement, et pour des choses qui soient de la dernière beauté, et si brillantes, qu'elles éblouissent. Surtout, il ne doit jamais les pousser au-delà de la vraisemblance extraordinaire, parce que ces ornements qu'il ajoute de son invention ne sont pas d'une nécessité absolue, et qu'il fait mieux de s'en passer tout à fait, que d'en parer son Poème contre toute sorte de vraisemblance[29].

En définitive, c'est donc moins le pouvoir de l'invraisemblance qui se substitue, chez Corneille, à l'invraisemblance du pouvoir que la vraisemblance extraordinaire entendue comme alliance objective de l'extraordinaire – mais possible et donc croyable – avec la morale qui prend le pas sur le vrai, dès lors que ce vrai, par sa nature violente et immorale, met en péril la crédibilité du spectacle et, d'abord, la vertu et la générosité du héros, que le dramaturge doit préserver du crime pour que le spectateur puisse s'identifier à lui tout au long de la pièce.

[29] PIERRE CORNEILLE, *Discours de la tragédie*, dans *Trois Discours, op. cit.*, p. 130.

DEUXIÈME PARTIE

DERVAL CONROY
(University College Dublin)

REINES, INVRAISEMBLABLES ROIS ?

Reines vierges et épouses célibataires
dans le théâtre du XVIIᵉ siècle.
Les cas d'Élisabeth, de Nitocris et de Pulchérie

Il n'est pas de pouvoir sans manipulation des imaginaires[1].

Le discours concernant l'exclusion des femmes du gouvernement au XVIIᵉ siècle est longuement et fortement soutenu
par les théoriciens et les légistes en politique, qui s'appuient
sur des définitions essentialistes de la nature, en plus du modèle patriarcal du gouvernement. Richelieu, pour donner un
exemple parmi tant d'autres, soutient que :

> Le Gouvernement des Royaumes requiert une vertu mâle et une
> fermeté inébranlable [...] Les femmes, paresseuses et peu se
> crètes de leur nature, sont si peu propres au gouvernement que,
> si on considère encore qu'elles sont fort sujettes à leurs pas-
> sions et, par conséquent, peu susceptibles de raison et de justi-
> ce, ce seul principe les exclut de toute administration publique.

Il poursuit ainsi :

> il est presque impossible que leur gouvernement soit exempt ou
> de bassesse ou de diminution, dont la faiblesse de leur sexe est
> la cause ou d'injustice et de cruauté, dont le dérèglement de
> leurs passions, qui leur tient lieu de raison, est la vraie source[2].

---

[1] KATHLEEN WILSON-CHEVALIER et ÉLIANE VIENNOT, « Introduction »,
dans Kathleen Wilson-Chevalier et Éliane Viennot (éds.), *Royaume de fémy-
nie : pouvoirs, contraintes, espaces de liberté des femmes de la Renaissance
à la Fronde*, Paris, H. Champion, 1999, p. 12-13.
[2] CARDINAL DE RICHELIEU, *Testament politique, ou les maximes d'État de
Monsieur le Cardinal de Richelieu*, Bruxelles, Éditions Complexe, 1990,
p. 31-33.

Au-delà des conceptions essentialistes (évidentes ici dans l'idée que les femmes agissent sous le joug de la passion, de l'irrationnel, de l'indiscrétion, de la paresse et de la faiblesse), un autre élément du discours d'exclusion se base sur ce que Sarah Hanley nomme « le modèle de gouvernement de régime marital[3] ». L'objection souvent formulée à l'encontre de la gynécocratie (c'est-à-dire le gouvernement par les femmes) est son incompatibilité avec l'institution patriarcale qu'est le mariage : plus simplement, il semble inconcevable qu'une reine soit sujette à son mari dans la vie privée (ce qu'elle devrait être, bien sûr), et que, cependant, celui-ci lui soit sujet dans le domaine public. Aux yeux de nombreux théoriciens politiques français, la gynécocratie, ou du moins, la gynécocratie stable, est par sa nature même invraisemblable.

Toutefois, du point de vue d'un dramaturge, s'inspirant de l'histoire (qu'elle soit grecque, byzantine, anglaise, écossaise, suédoise, hongroise, espagnole, polonaise...), la gynécocratie (où les femmes disposent d'une autorité souveraine légitime et pas seulement du pouvoir) s'avère un phénomène très fréquent. À partir des années 1630, plus de quarante tragédies et tragi-comédies mettent en scène une femme souveraine. Comment les dramaturges de cette période traitent-ils l'autorité féminine dans un pays où l'exclusion des femmes du trône est fortement soutenue par un large corpus d'idées politico-juridiques qui définissent la souveraineté comme étant masculine ? Comment convaincre les spectateurs du XVIIe siècle que la gynécocratie est vraisemblable ? Par ailleurs, à l'instar des théoriciens politiques, les dramaturges représentent-ils ce régime comme invraisemblable, tout en étant vrai ? Quelle image donnent-ils de la reine vierge ? Il ressort de ces interrogations que la représentation de la souveraineté féminine constitue en divers points un véritable défi pour les dramaturges de

---

[3] Voir, par exemple, SARAH HANLEY, « The Monarchic State in Early Modern France : Marital Regime Government and Male Right », dans Adrianna E. Bakos (éd.), *Politics, Ideology, and the Law in Early Modern Europe*, New York, University of Rochester Press, 1994, p. 107-126.

l'époque, étant donné que la mise en scène même de l'institution de la gynécocratie incarne la quintessence des relations
souvent conflictuelles entre le vrai, le possible, le vraisemblable, et le nécessaire.

Ce conflit est souligné par les commentaires de La Mesnardière à propos de la vraisemblance requise, premièrement,
par la « condition de vie » et, deuxièmement, par le sexe. Selon le théoricien, « les Reines doivent estre chastes, pudiques,
graves, magnifiques, tranquilles, & genéreuses », des propos
qui s'accordent mal avec les suivants :

> Les Femmes sont dissimulées, douces, foibles, delicates, mo-
> destes, pudiques, courtoises, sublimes en leurs pensées, sou-
> daines en leurs desirs, violentes dans leurs passions, soupçon-
> neuses dans leurs ioyes, ialouses iusqu'à la fureur, passion-
> nées pour leur beauté, amoureuses de leurs visions, des
> loüanges, & de la gloire, orgueilleuses dans leur empire, sus-
> ceptibles d'impressions, desireuses de nouveautez, impatientes
> & volages[4].

Néanmoins, bien qu'il incite le dramaturge à adhérer à cette
représentation du sexe féminin (« étant vray que les Philosophes en voyent clairement les causes dans les divers tempé-
ramens qui distinguent ces deux sexes »), il laisse entrevoir
quelques exceptions :

> Si l'Avanture est fondée sur la prudence d'une femme […] il
> faut que laissant en arriere les foiblesses ordinaires de ce Sexe
> […] il fasse agir cette Héroïne comme une excellente femme,
> incapable des defauts qui se treuvent en plusieurs autres[5].

D'après la Mesnardière, il est cependant indubitable qu'il vaut
mieux éviter ce genre d'idées de façon générale. Les com-

---

[4] HIPPOLYTE JULES PILET DE LA MESNARDIÈRE, *La Poétique* [1640], Genève, Slatkine Reprints, 1972, p. 121 et p. 123-124. Aucune indication ne permet de préciser si La Mesnardière fait allusion aux reines régnantes ou aux
reines épouses, ou même s'il fait la dictinction entre les deux.

[5] *Ibid.*, p. 125.

mentaires du théoricien montrent les difficultés qui se présentent lorsque l'on veut peindre un personnage qui est à la fois femme et reine, ou pire encore, femme et prince.

Voilà un bref aperçu de la théorie. Mais en pratique, que se passe-t-il dans les représentations théâtrales ? Au cours de cet article, nous verrons comment l'analyse d'un certain nombre de pièces indique que l'idée communément répandue selon laquelle la souveraineté féminine est invraisemblable – et, de fait, impossible en France, étant donné la falsification de la loi salique promulguée par l'arrêt Lemaître en 1593 – se trouve diversement soutenue ou remise en question par les représentations théâtrales de ces reines régnantes. L'étude des différents traitements de la gynécocratie fournit des exemples particulièrement intéressants de mise en œuvre des conventions dramatiques et révèle comment cette mise en œuvre peut elle-même refléter des discours qui s'opposent.

Élisabeth

Tout d'abord, notre analyse portera sur la représentation de celle qui posa le plus de problèmes aux théoriciens de la loi salique, c'est-à-dire Élisabeth Iʳᵉ. Bien que l'inclination de recourir à l'histoire contemporaine comme matière première ait été relativement rare, les dramaturges s'intéressaient de temps à autre à l'histoire anglaise et écossaise du XVIᵉ siècle pour élaborer leurs intrigues[6]. Au nombre de ceux-ci, il faut compter La Calprenède dont les pièces *Jeanne, Reyne d'Angleterre* et *Le Comte d'Essex* parurent respectivement en 1638 et en 1639. C'est aussi en 1639 que fut publiée *Marie Stuard* de Regnault. Quarante ans plus tard, Thomas Corneille et

---

[6] Sur l'usage de l'histoire anglaise dans le théâtre français, voir ALFREDA L. HILL, *The Tudors in French Drama*, Baltimore, The Johns Hopkins University Press, 1932 ; JANE CONROY, *Terres tragiques : l'Angleterre et l'Écosse dans la tragédie française du XVIIᵉ siècle*, Tübingen, G. Narr Verlag, 1999, en particulier p. 121-125.

Claude Boyer consacrèrent un texte au favori d'Élisabeth Iʳᵉ, et publièrent chacun leur propre version du *Comte d'Essex* en 1678[7]. Enfin, l'une des dernières pièces du siècle consacrée à l'histoire anglaise fut celle de Boursault en 1691 intitulée *Marie Stuard*. De ces six pièces[8] émerge une certaine vision de la façon dont fut appréhendé le personnage d'Élisabeth Iʳᵉ.

Diverses attitudes envers la souveraineté féminine sont à discerner, à la fois dans les commentaires explicites faits à ce sujet et, implicitement, dans le traitement de la reine en tant qu'héroïne. D'un point de vue positif, la meilleure défense de la souveraineté féminine est articulé par le personnage d'Élisabeth elle-même dans *Le Comte d'Essex* de Boyer. Alors que la reine fait des reproches à Essex par rapport aux allégations de sédition, elle attribue en partie cette sédition au fait qu'elle est une femme, avant de réfuter avec véhémence l'idée que son sexe peut justifier une désobéissance quelconque :

> Respectant peu les loix que nostre sexe donne,
> Tu me croyois peut-estre indigne de regner.
> Ce sexe toutefois que tu veux dédaigner,
> A fait souvent honneur à la grandeur suprême.
> Sans porter une épée ou porte un diadême,
> La vertu, la raison font la grandeur des Rois,
> Sans répandre du sang on peut donner des lois,
> L'art plustost que la force écarte la tempeste
> Et le bras sur le Thrône agit moins que la teste. (acte I, sc. 7)[9]

---

[7] Les trois pièces concernant Essex tournent autour de la rébellion de Robert Devereux, deuxième comte d'Essex, contre la reine, et de son exécution pour trahison.

[8] Toutes les réferences renvoient aux éditions suivantes : GAUTHIER DE COSTE, sieur de LA CALPRENÈDE, *Jeanne, reyne d'Angleterre*, Paris, A. de Sommaville, 1638 ; *Le Comte d'Essex* [1639], dans Jacques Scherer et Jacques Truchet (éds.), *Théâtre du XVIIᵉ siècle*, Paris, Gallimard (Bibliothèque de la Pléiade), 1975-1992, vol. II, p. 205-260 ; CHARLES REGNAULT, *Marie Stuard, reyne d'Écosse* [1639], Paris, T. Quinet, 1640 ; THOMAS CORNEILLE, *Le Comte d'Essex*, Lyon, T. Amaury, 1678 ; CLAUDE BOYER, *Le Comte d'Essex*, Paris, C. Osmont, 1678 ; EDME BOURSAULT, *Marie Stuard, reine d'Écosse* [1691], dans *Théâtre*, Genève, Slatkine Reprints, 1970, p. 154-172.

[9] Voir également ses remarques dans CLAUDE BOYER, *op. cit.*, acte III, sc. 5.

Ici sont développés dans toute leur ampleur un certain nombre de problèmes très répandus dans les discussions sur la souveraineté féminine, et présents dans les textes féministes de l'époque, notamment chez Le Moyne et Du Bosc : on y trouve la notion que l'histoire réfute l'idée reçue que les femmes n'ont jamais régné (voir le vers 4 du passage cité ci-dessus) ; l'idée que l'action militaire n'est pas nécessaire à la souveraineté, celle-ci reposant plutôt sur la vertu et la raison ; et, enfin, la mise en valeur de la non-violence et de l'intelligence par rapport à la force physique. Dans maintes pièces, ces commentaires semblent étayés par de constantes références au succès du régime d'Élisabeth, à ses victoires militaires, à son intelligence personnelle, ainsi qu'à la grandeur de son influence. Selon Boursault, par exemple, « À tous les Rois voisins elle impose ses loix ; / Étonne l'univers du bruit de ses exploits » (acte I, sc. 3)[10].

Juxtaposées à ces éléments qui présentent le gouvernement stable des femmes comme une réalité vraisemblable, plusieurs déclarations concernent les maux de la gynécocratie. Une de ces remarques est faite par Morray, frère illégitime de Marie Stuard et ennemi d'Élisabeth, dans *Marie Stuard* de Boursault. Alors que dans les représentations de Jeanne d'Arc, les Français se vantent de ne pas tolérer le gouvernement des femmes et se moquent des Anglais qui s'y soumettent[11], ici les Anglais semblent eux-mêmes également s'y opposer :

> L'Angleterre exceptée, en tous les autres lieux,
> Le regne d'une femme est un regne odieux :
> La plus ferme couronne un moment sur sa tête,
> Dans l'Etat le plus calme excite une tempête :
> Un sceptre ne sied bien que dans la main des Rois ;
> Et le trône chancelle à moins qu'il n'ait son poids.
>
> (acte I, sc. 3)

---

[10] Pour des allusions à ses victoires politiques, voir LA CALPRENÈDE, *Le Comte d'Essex*, *op. cit.*, v. 121-125, 177-178 et 181.

[11] Voir, par exemple, FRANÇOIS HÉDELIN, ABBÉ D'AUBIGNAC, *La Pucelle d'Orléans*, Paris, A. de Sommaville et A. Courbé, 1642 (acte III, sc. 2).

Vu sous cet angle, la souveraineté s'affiche comme une préro
gative masculine (sentiment qui n'est guère surprenant
quelques trente ans après l'avènement de Louis XIV au trône). Pourtant, le seul argument avancé pour soutenir cette opinion est l'idée récurrente que le gouvernement féminin est tu-
multueux et instable[12].

Outre le débat explicite sur le pour et le contre de la souveraineté des femmes, un autre aspect qui peut éclairer l'enjeu
du problème est l'ambiguïté de la représentation d'Élisabeth.
Il va sans dire qu'il y a des différences considérables entre les
pièces de notre corpus, différences qui reflètent à la fois
l'évolution de la vision du XVIIᵉ siècle sur le monde, et
l'évolution du théâtre à la même période. Malgré ces diver-
gences, quelques constantes se dégagent.

C'est un sombre portrait de la reine qui émerge de *Marie
Stuard* de Regnault, de celle de Boursault, ainsi que de *Jeanne
d'Angleterre* de La Calprenède. Un des traits prédominants
souligné par les auteurs est sa cruauté, qu'elle soit motivée par
la raison d'État, par l'amour, par la vengeance, ou une combi-
naison des trois. Maligne et intrigante dans *Jeanne
d'Angleterre*[13], elle entretient des idées sévères et dures qui
sont d'autant mieux mises en relief qu'elle contrastent fortement avec celles de Marie Tudor, qui n'apparaît surtout pas
comme la « Bloody Mary » du mythe historique (image la plus
communément répandue en Angleterre après sa persécution
des Protestants de 1555 à 1558) et qui, au contraire, est dépeinte sous un jour sympathique. Durant leurs diverses
confrontations (acte II, sc. 1, acte IV, sc. 1 et acte V, sc. 4),
c'est Marie qui apparaît comme étant soucieuse du bien-être de
ses sujets, qui est particulièrement acerbe à propos du règne
sanglant d'Henri VIII (qu'elle décrit comme un « Empire de

---

[12] Dans l'épître du *Comte d'Essex*, La Calprenède fait allusion aux réactions qu'Elisabeth Iʳᵉ continuait de provoquer : « quoique sa mémoire soit en
quelque horreur parmi nous, elle est en telle vénération parmi beaucoup d'autres
qu'elle passe dans leur esprit pour la plus grande Princesse qui fut jamais ».

[13] Voir JANE CONROY, *op. cit.*, p. 238.

fer »), émue par le sort de ses « ennemis », et déchirée par le doute puis par la culpabilité[14]. Élisabeth, par ailleurs, considère ses ennemis comme des traîtres, est persuadée que Jeanne devrait mourir, ne peut pas comprendre les regrets tardifs et la réticence de Marie (acte V, sc. 4), et suscite par des remarques machiavéliques les accusations de cruauté chez sa demi-sœur :

> J'approuve les leçons d'Herode, & de Tybere,
> Je ne puis m'empescher de les louër tous deux,
> De les estimer grands, & mon pere avecque eux :
> Ceux qui dans un Estat se sçavent bien conduire,
> Ne pardonnent iamais, si le pardon peut nuire. (acte IV, sc. 1)

Les références à Hérode et à Tibère ne sont pas mises de côté chez les pairs de La Calprenède et sont largement exploitées par Regnault dans *Marie Stuard*. Comme l'a démontré Jane Conroy, Regnault, en se basant plus sur des modèles issus de représentations dramatiques que sur des faits historiques (particulièrement sur le personnage d'Hérode de Tristan), représente Élisabeth comme « une *furieuse* baroque[15] ». Le ton a déjà été donné

---

[14] À propos de ses sujets, elle soutient : « [...] j'ay le Ciel pour témoin / Que le soin de mon peuple est mon unique soin » (acte II, sc. 1). Elle remarque plus tard qu'elle a appris « que le meurtre & le sang ne nous font point regner » (acte IV, sc. 1). Cette représentation peu critique de Marie Stuart est en grande partie due au fait que, comme l'indique Roger Guichemerre, il aurait été impossible pour La Calprenède de calomnier une reine catholique (« Le théâtre "anglais" de La Calprenède », dans *Regards européens sur le monde anglo-américain*, Paris, Presses de l'Université de Paris-Sorbonne, 1992, p. 216). Il faut se souvenir également que, tandis que Northumberland fut exécuté presque sur le champ pour trahison, Marie était à l'origine opposée à l'exécution de Jeanne Grey et de Guildford. Elle n'y consentit qu'après le soulèvement de Wyatt lorsque le climat politique avait changé. Voir John McGurk, *The Tudor Monarchies, 1485-1603*, Cambridge, Cambridge University Press, 1999, p. 54-62. Sur la représentation de Marie Tudor dans cette pièce de La Calprenède, voir Jane Conroy, *op. cit.*, p. 236-238.

[15] *La Mariamne* de Tristan L'Hermite fut publiée en 1637, deux ans avant la parution de la pièce de Regnault. Pour un aperçu des ressemblances entre les deux pièces, voir Jane Conroy, *op. cit.*, p. 118-119. Pour la représentation d'Élisabeth comme « une *furieuse* baroque », soulignée par la fréquence des épithètes concernant la *fureur* et la *furie*, voir *ibid.*, p. 146-150.

dans la scène d'ouverture où l'héroïne éponyme relate sa propre histoire qui comprend une diatribe contre Élisabeth et sa « tyrannie » :

> Barbare Elizabeth ! [...]
> Tu devois exercer ta cruelle manie
> Sur la brutalité des Tygres d'Hyrcanie ;
> Et tu ne devois pas commander aux humains,
> Par ce Sceptre sanglant qui dégoute en tes mains
> Des tragiques effets de ton humeur altiere.   (acte I, sc. 1)

À l'acte I, scène 2, Élisabeth exprime son désir d'imiter Hérode et Tibère, et de prouver qu'elle est la fille de son père[16]. Elle met ainsi en jeu un troisième modèle. Les références à Henri VIII sont particulièrement lourdes d'implications parce qu'elles servent à rappeler aux spectateurs le soi-disant héritage d'Élisabeth, marqué non seulement par la cruauté mais aussi par le dysfonctionnement sexuel. Étant, selon certaines insinuations, elle-même le fruit de l'inceste, elle ne peut que continuer sur la voie perverse initiée par son père[17]. En outre, bien que jamais explicite, étant donné les bienséances, l'auteur suggère discrètement que la relation avec Norfolk aurait été de nature sexuelle. Le dysfonctionnement sexuel est fréquemment associé au désordre politique : ce lien, souligné ici à la fois par

---

[16] La Calprenède fait allusion une deuxième fois à Hérode et Tibère, au sujet d'Élisabeth, dans l'« Épître » de son *Comte d'Essex*.

[17] D'après Marie :
Cette cruelle fille est digne de son pere,
Et des maux qu'ils a faits d'où provient ma misere,
Elle suit ses chemins comme il les á tracez
Achevant les proiets qu'il avoit commancez,
Et comme feu Henry la fit naistre d'un crime,
Elle a les passions de ce sang qui l'anime,
Car on á remarqué qu'un lit incestueux
N'a pû iamais produire un enfant vertueux.
              (CHARLES REGNAULT, *op. cit.*, acte IV, sc. 4)
L'allusion à l'inceste découle de la vieille rumeur qu'Anne Boleyn était la fille d'Henri VIII. Voir aussi les paroles de Neucastel (acte I, sc. 2) dans la *Marie Stuard* d'Edme Boursault.

la naissance illégitime d'Élisabeth et par sa revendication illégitime du trône (elle est dépeinte comme l'usurpatrice et Marie
Stuart comme l'héritière légitime)[18], contribue à la représentation du gouvernement d'Élisabeth comme emblématique d'un
régime pernicieux (bien que couronné de succès), caractérisé
au niveau personnel par la passion, l'ambition, la furie et, au
niveau politique, par la corruption, l'injustice et la perfidie[19].
Marie Stuard de Boursault présente le personnage éponyme
comme une usurpatrice machiavélique : si elle est une furie atténuée, elle n'en reste pas moins « une Reine odieuse [...] / Injuste aux étrangers, cruelle à ses sujets » (acte I, sc. 2). Dans
Le Comte d'Essex de Thomas Corneille, l'accent est mis avant
tout sur sa tyrannie sur le plan sentimental plutôt que sur le
plan politique[20]. L'exploitation de la même histoire par Boyer
nous montre la duchesse de Clarence redoutant apparemment
la violence de la reine (acte III, sc. 3), alors qu'on laisse Élisabeth commenter et regretter sa propre cruauté[21]. Somme toute,
les représentations de la reine vont de ce qu'on pourrait nommer, dans le meilleur des cas, une mauvaise presse, à une véritable diabolisation, dans le pire des cas.

---

[18] Chez Regnault, le ton peu élogieux est évident dès la liste de *dramatis
personæ*, dans laquelle on fait allusion à elle comme « fille naturelle » d'Henri VIII tandis qu'on décrit Marie Stuart comme « Reyne d'Écosse et d'Irlan-
de » et « legitime heritiere d'Angleterre ».

[19] Voir, par exemple, ses remarques :
Je veux que l'on immole à ma iuste furie
Et le Duc de Norfolc & la Reyne Marie,
Efforcez vous de plaire à cette passion,
Et les sacrifiez à mon ambition,
Satisfaites en tout à ma colère extréme.
                            (CHARLES REGNAULT, *op. cit.*, acte I, sc. 2)

[20] Sur cette tyrannie dans le domaine sentimental, voir JANE CONROY, *op.
cit.*, p. 322-323.

[21] Voir CLAUDE BOYER, *op. cit.*, acte IV, sc. 3 :
Grand Dieu, la voix des pleurs & du sang innocent
Qu'a versé si souvent ma noire politique,
M'a fait le seul objet de la haine politique.
Mon Thrône est assiegé de soubçons, de terreurs,
De haine, digne prix de toutes mes fureurs.

Bien évidemment, diaboliser Élisabeth n'est pas nécessairement invraisemblable : le tyran est un personnage commun à la fois dans le discours politique et dramatique. Pour le public français du XVIIe siècle, il serait tout à fait acceptable et vraisemblable que celle qui fit exécuter une douairière française soit une despote assoiffée de sang[22]. Cependant, on retrouve constamment un autre trait qui est particulièrement intéressant en termes de dynamique entre le vrai et le vraisemblable : malgré tous les problèmes et les manifestations de son pouvoir, malgré la conscience qu'elle a de son rôle (« je vous parle en Reine », affirme-t-elle à Essex dans la pièce de Boyer)[23], malgré les remarques telles que « la Reine est toujours Reine[24] », ce qui caractérise Élisabeth dans ces œuvres n'est pas son rôle politique en tant que reine mais plutôt ses passions incontrôlables – trait traditionnellement perçu comme féminin – et la faiblesse qui en découle. Dès le début de la pièce de La Calprenède, elle lance avec grande émotion : « N'ai-je avec un sujet partagé ma puissance », faute politique qui, comme le fait remarquer Madeleine Bertaud, était déjà reconnue en 1637 comme étant incompatible avec le bon fonctionnement de l'ordre monarchique[25]. Des réfé-

---

[22] Tandis que l'origine de ces noirs portraits n'est pas difficile à cerner (on en trouve aisément la trace dans un discours très violent contre Elisabeth qui date de la Contre-Réforme), expliquer leur présence dans les écrits du dernier quart du XVIIe siècle est plus difficile. D'ailleurs, il est impossible de les expliquer uniquement à cause d'une mentalité anglophobe. Comme l'indique Jane Conroy : « Sans qu'il soit besoin d'aller très loin dans la psychocritique ni dans la critique féministe, on voit à quel point la haine exprimée ici se confond avec un dégoût du corps et de la sexualité féminins, empruntant une partie de son langage au discours gynophobe, opposé à l'amour physique, de l'apologétique postmédiévale. Je n'ai pas trouvé dans le dénigrement d'Henri VIII, pourtant au moins aussi violemment détesté, ce ton de répulsion physique qui affleure si souvent dans les descriptions d'Élisabeth, d'Anne Boleyn, de Marie Stuart – ce dernier exemple montre qu'aucune religion n'en a le monopole ». *Op. cit.*, p. 356.

[23] CLAUDE BOYER, *op. cit.*, acte III, sc. 5.

[24] LA CALPRENÈDE, *Le Comte d'Essex*, *op. cit.*, v. 241.

[25] MADELEINE BERTAUD, « D'un *Comte d'Essex* à l'autre, La Calprenède et Thomas Corneille », dans Madeleine Bertaud et André Labertit (éds.), *Amour tragique, amour comique, de Bandello à Molière*, Paris, SEDES, 1988, p. 102.

rences constantes à sa « confusion » et à sa « faiblesse » renforcent l'image d'une femme qui est prise dans les méandres d'une passion malsaine (que ce soit pour le comte dans les pièces sur Essex ou pour le duc de Norfolk dans les pièces sur Marie Stuart)[26], qui s'abaisse ouvertement devant ses sujets et qui apparaît parfois comme ayant perdu la raison : « Ah! ma raison, reviens, pourquoi m'as-tu quittée ? », s'écrit-elle dans *Essex* de La Calprenède (v. 194). Cette déclaration pourrait nous faire penser à l'argument de Richelieu selon lequel la passion prend la place de la raison chez les femmes.

Dans d'autres pièces, cette faiblesse est soulignée par le fait qu'elle est parfois indécise et qu'elle n'apparaît pas toujours comme la femme machiavélique qu'elle est dans *Jeanne d'Angleterre*. Dans *Marie Stuard* de Regnault, la reine hésite à envoyer Norfolk et Marie à la mort (acte II, sc. 4, acte IV, sc. 1 et acte V, sc. 1), et quand elle se décide dans un premier temps de le faire, sous la pression du traître Kemt (Kent), c'est avec un certain regret : « j'en ay dans l'ame un extreme regret » (acte IV, sc. 1). Dans un deuxième temps, lorsqu'elle revient sur sa décision et décide de pardonner Marie (acte V, sc. 1), il est trop tard. Sa victime est morte et elle devient à son tour une victime de ses soi-disants « conseillers ». Il en est de même dans le texte de Boursault, où elle subit clairement l'influence de la flatterie et se laisse prendre une fois de plus au jeu de ses ennemis, en les nommant juges au procès de son ancien favori. Des traces d'indécision et d'ébranlement se trouvent dans *Essex* de La Calprenède (acte IV, sc. 1, acte V, sc. 2), et l'*Essex* de Corneille (acte V, sc. 2 et 3), tandis que dans la version de Boyer, la révocation de la sentence de mort (acte V, sc. 2) arrive trop tard. Dévorée par le remords, Élisabeth se dégoûte elle-même dans cinq des six pièces. À l'exception de ce qu'on observe dans *Jeanne*, elle s'élève contre elle-même et contre ses prétendus « conseillers », fai-

---

[26] Voir, par exemple, LA CALPRENÈDE, *Le Comte d'Essex*, *op. cit.*, v. 17 et 441 ; CLAUDE BOYER, *op. cit.*, v. 1359.

sant allusion à ceux-ci dans la pièce de Regnault dans les termes de « barbares assasins » :

Ces ingrats, ces cruels, tous remplis de fureur,
Ont fait d'une Princesse un spectacle d'horreur. (acte V, sc. 4)

Dans les textes de La Calprenède et de Corneille, elle envisage tout de suite la mort. Chez Boyer, elle fait appel à la foule pour se venger de la mort du Comte (acte V, sc. 11), ce qui implique que le peuple se révolte contre elle, tandis que dans *Marie Stuard* de Regnault, elle sombre temporairement dans la folie. Même si, d'un côté, l'autorité qu'elle détient lui donne le droit de vie et de mort sur ses « ennemis », de l'autre, à travers toutes ces pièces, elle se montre impuissante, n'ayant plus aucune maîtrise d'elle-même, et hésitant entre l'amour et la vengeance (qu'il soit question de Norfolk ou d'Essex)[27]. Dans le texte de Boyer, Coban (Lord Cobham) dit : « Je ne reconnois plus cette Reine si fière » (acte I, sc. 9), de même que, dans l'*Essex* de La Calprenède, Cécile (Cecil) remarque également sa transformation[28]. Dès le début de la même pièce (acte I, sc. 4), elle repousse l'apparat du pouvoir qui ne peut plus lui procurer de bonheur. À la fin du drame, ses sentiments s'affermissent lorsqu'elle délaisse la pompe et la gloire, apparences qu'elle perçoit comme vides (v. 1705-1712). Le dramaturge combine ingénieusement chez Élisabeth son rejet de la pompe avec une critique virulente de son régime, d'autant plus forte qu'elle s'énonce à travers la voix de celle-ci. Peu lui importe le trône, ni même la gloire : « Laisse, laisse

---

[27] Voir ses remarques dans LA CALPRENÈDE, *Le Comte d'Essex, op. cit.*, v. 11-12 ; les remarques d'Essex dans la même pièce, v. 260-271 ; et l'explosion de son émotion dans THOMAS CORNEILLE, *op. cit.*, acte II, sc. 5, où elle ne montre aucune conscience de son rang.
[28] LA CALPRENÈDE, *Le Comte d'Essex, op. cit.*, v. 335-339 :
Ah ! Ciel ! qu'est devenu cet esprit de clairté,
Cet esprit plein de flamme et de vivacité,
Cette rare prudence, et la haute pratique
De la plus grande Reine et la plus politique
Qui jamais ait porté le diadème au front ?

ma gloire, & dy-lui que je l'aime » (acte III, sc. 2), s'exclame-t-elle dans le texte de Corneille, tandis que dans celui de La Calprenède, elle se soucie peu de sa réputation et regrette bientôt de ne pas tout avoir renié pour Essex[29].

Certes, d'une part, de telles caractéristiques servent à adoucir le sombre portrait qui est fait de la reine et contribuent à une représentation plus favorable de son personnage. Élisabeth devient ainsi, à certains moments, un personnage vaguement sympathique sur lequel les spectateurs peuvent s'apitoyer. Cela lui confère indéniablement un air pathétique ainsi qu'une certaine profondeur. Il y a, de plus, un intérêt dramatique durable dans la révélation des troubles personnels du personnage public, dans le portrait d'une reine tiraillée par le conflit entre le bien de l'État et ses intérêts personnels.

D'autre part, cette représentation « adoucie » a un autre effet sur les représentations de son pouvoir – un effet qui devient encore plus significatif si on le considère sous l'angle de l'importance didactique de la vraisemblance. Quelle vraisemblance a-t-elle en tant que personnage ? Quelle vraisemblance a son pouvoir ? La réponse à cette question s'avère en fait ambivalente, dans la mesure où la représentation qui est faite de ce personnage est à la fois vraisemblable et invraisemblable. Dans le cadre des pièces, elle est entièrement vraisemblable, mais seulement en tant que femme, non en tant que reine. Elle n'est un personnage plausible que pour autant qu'elle s'insère dans le cadre préconstruit de la femme dédaignée et furieuse, ou dans celui de l'amoureuse chancelante et prête à défaillir[30]. Pour d'Aubignac, qui considère par ailleurs

---

[29] Voir v. 1013-1024 et v. 1688-1692.

[30] Pour un autre point de vue, voir Madeleine Bertaud qui maintient qu'Élisabeth vacille *trop* pour être crédible comme personnage dans l'*Essex* de Corneille (art. cité, p. 121-122). De la même manière, Henry C. Lancaster remarque, au sujet de *Marie Stuard* de Regnault, que « Elizabeth is given so many vices that one is surprised to find her suffering remorse at the end of the play ». *A History of French Dramatic Literature in the Seventeenth Century*, 9 vol., Baltimore, The Johns Hopkins University Press, 1929-1942, Part II, vol. I, p. 186.

la pièce de La Calprenède comme « assez défectueuse », Élisabeth est entièrement vraisemblable après l'exécution du comte : « [elle] parle comme elle le doit après la mort du Comte d'Essaix, et en achève bien la Catastrophe[31] ». Dans ses remords et dans son souci de suivre dans la tombe celui qu'elle a aimé, elle se montre tout à fait fidèle au portrait qui a été fait d'elle tout au long de la pièce.

Toutefois, envisagée en tant que souveraine, sans même parler d'une souveraine de l'étoffe d'Élisabeth Ire, elle est tout à fait invraisemblable. Faire le portrait d'Élisabeth amoureuse signifie pour ces dramaturges dépeindre une Élisabeth en quelque sorte privée de contrôle, dont le jugement est faible, qui est aisément dupée (et qui souhaite l'être), qui ne vit que pour le regretter et qui est poursuivie par les remords, une Élisabeth donc pour qui l'amour l'emporte sur les affaires de l'État, une Élisabeth en parfaite contradiction avec celle de la réputation de « Gloriana », une Élisabeth, en bref, dont le pouvoir et l'autorité ont évidemment été sapés. Cette reine se trouve impuissante ou en proie aux affres de l'amour et/ou aux mains malintentionnées de mauvais conseillers. La reine qui regrette dans la pièce de La Calprenède, *Essex* (v. 213-214), de ne pas avoir l'âme aussi royale que sa position l'exige, est peu crédible en monarque dominateur incarnant dans sa personne les conditions de la souveraineté. Représentée comme elle l'est ici, la force, la magnanimité, la justice, la constance, la stabilité – en bref tout ce qui a été construit comme la vertu mâle nécessaire au bon gouvernement – lui font défaut. La représentation de ce prince féminin correspond bien davantage au cadre proposé par La Mesnardière pour « les femmes » qu'au modèle qu'il envisage pour les souverains ; en ce qui regarde « le Roi », il écrit : « il doit estre si prudent, qu'il n'ait jamais aucun sujet de rétracter ses juge-

---

[31] ABBÉ D'AUBIGNAC, *La Pratique du théâtre*, Hélène Baby (éd.), Paris, H. Champion (Sources classiques), 2000, p. 205 et p. 207. Comme l'indique Madeleine Bertaud, tandis qu'Essex et Soubtantonne font allusion à elle comme reine, le public ne l'a vue que comme femme (art. cité, p. 113).

mens, ni d'en condamner les succès », tandis que pour « les
Princes », il maintient qu'« on doit cacher leurs défauts, pource qu'ils président aux hommes comme Lieutenans de
Dieu[32] », un avis dont le moins qu'on puisse dire est qu'il n'a
été suivi par aucun de ces dramaturges pour le portrait d'Élisabeth. En somme, elle est plausible en tant que femme amoureuse (ou du moins dans les paramètres des représentations
stéréotypées des femmes amoureuses) mais elle ne l'est pas en
tant que roi ; elle est un *invraisemblable roi.*

En outre, il est utile de remarquer que seule la modification des sources historiques permet de soutenir une telle représentation, même s'il est vrai que les trois auteurs des pièces
sur *Essex* font preuve d'un souci de véracité historique dans
l'avis « Au lecteur » de leurs pièces. Par exemple, l'idée
d'une relation avec Norfolk n'a aucun fondement historique ;
de même, l'histoire avec Essex relève plus du mythe que de
l'histoire – un mythe qui de plus ne s'est imposé qu'après la
mort d'Élisabeth[33]. Les auteurs des pièces sur *Essex* ne men-
tionnent pas le fait qu'Élisabeth avait soixante-huit ans à
l'époque du procès d' Essex (elle en avait cinquante-huit lorsqu'elle rencontra Essex pour la première fois)[34]. De fait, Corneille réussit à donner quelque crédit à l'idée d'une reine pas-
sionnée en faisant tenir le rôle d'Élisabeth âgée de soixante-
huit ans à la célèbre Marie Champmeslé qui n'avait alors que
trente-six ans. Qui plus est, Élisabeth ne mourut pas tout de
suite après le procès, mais deux ans plus tard. En outre, si
nombre d'éléments suggèrent que la reine historique a hésité à
envoyer Marie Stuart à la mort, rien ne justifie le caractère
extrêmement hésitant attribué à son personnage au théâtre.
L'inclusion même de l'histoire inventée de la bague, chez
Boyer et La Calprenède, si elle correspond sans aucun doute
aux tendances romanesques de La Calprenède, ne sert en soi

---

[32] LA MESNARDIÈRE, *op. cit.*, p. 102 et 120.
[33] Voir JANE CONROY, *op. cit.*, p. 255-258.
[34] La Calprenède fait allusion à son âge avancé une seule fois (v. 626),
tandis que Corneille n'y fait aucune référence.

qu'à souligner davantage un portrait peu flatteur de la reine : accorder par avance une promesse d'immunité à un sujet dont on ignore complètement les entreprises peut difficilement passer pour une preuve de prudence politique[35]. Enfin, il est à noter que l'on parle très peu de son célibat dans les représentations de celle qui fut la plus associée à la mise en valeur de cet état comme stratégie politique, surtout vers la fin de son règne, et qui se servit de sa virginité pour se définir comme souverain androgyne[36]. Au contraire, comme on l'a déjà vu, il est question qu'elle ne soit pas aussi chaste que l'histoire nous le laisse croire. Si certains de ces changements ont permis d'améliorer la dramaturgie des pièces, ils n'ont pas moins contribué à une construction particulière de l'image de la reine.

Ces altérations paraissent encore plus significatives si l'on se souvient que la modification des sources historiques s'est vue non seulement justifiée, mais bien exigée, par des aristotéliciens orthodoxes tels que d'Aubignac, dans un dessein didactique de *vraisemblance* et de contrôle moral. Ne doit être représenté sur scène que ce qui est moralement correct[37]. Mieux encore, pour d'Aubignac,

> il ne faut pas oublier (et ce n'est peut-être pas une des moindres observations que j'aie faite sur les Pièces de Théâtre) que si le Sujet n'est conforme aux mœurs et aux sentiments des Spectateurs, il ne réussira jamais, quelque soin que le Poète y emploie et de quelques ornements qu'il le soutienne ; car les Poèmes Dramatiques doivent estre différents selon les Peuples devant lesquels on les doit représenter[38].

---

[35] MADELEINE BERTAUD soutient la même idée (art. cité, p. 110).

[36] Voir CAROLE LEVIN, *The Heart and Stomach of a King : Elizabeth I and the Politics of Sex and Power*, Philadelphia, University of Pennsylvania Press, 1994 ; Susan Doran, *Monarchy and Matrimony : The Courtships of Elisabeth I*, Londres, Routledge, 1996.

[37] Comme l'indique Henry Phillips à l'égard du Père Rapin et de l'Abbé d'Aubignac, le mot devoir dans leurs écrits sur la vraisemblance « carries not only the sense of *more probable* but also that of *more morally correct* ». Dans « 'Vraisemblance' and Moral Instruction in Seventeenth-Century Dramatic Theory », *Modern Language Review*, vol. LXXIII, 1978, p. 270.

[38] ABBÉ D'AUBIGNAC, *La Pratique, op. cit.*, p. 119.

Henry Phillips résume ainsi ce genre d'attitude :

> the spectator's apprehension of the moral value of the spectacle is dependent on the success with which the theatre can reproduce our everyday perception of reality. [...] A play is not the imitation of reality as such, but the imitation of a commonly held interpretation of that reality[39].

Ce qui ressort clairement de ces pièces, par conséquent, est qu'il est simplement invraisemblable qu'Élisabeth puisse avoir été un monarque heureux, stable et rationnel : la représentation d'une reine régnant avec une intelligence politique ne s'insère pas dans les « mœurs et [...] sentiments » de ce temps. Y a-t-il là l'idée qu'une gynécocratie stable serait moins irréprochable du point de vue moral, tout autant que moins probable ? Peut-être. Quoi qu'il en soit, la réalité historique de la roy-auté d'Élisabeth (royauté dans le sens de *kingship*) est minée par la représentation dramatique de sa royauté comme invraisemblance. De tels portraits me semblent dignes d'intérêt quelle que soit l'identité de la reine qu'ils représentent. Cependant, le fait qu'ils fassent référence à Élisabeth Tudor, elle-même étant un immense symbole culturel, et dont le puissant règne ne s'est achevé qu'en 1603, les rend plus significatifs encore. Bien que ne supposant en rien une quelconque intentionnalité politique de la part des dramaturges concernés – ce qui constitue dans la plupart des cas un domaine nébuleux – il me semble néanmoins important de faire valoir que ces pièces émettent clairement des signaux tendant (consciemment ou non) à la remise en cause de l'idée de la femme puissante et souveraine telle qu'elle avait été héritée du XVIe siècle. Cette représentation d'une gynécocratie heureuse comme invraisemblable conforte en dernière analyse le *statu quo*, c'est-à-dire le paradigme dominant au XVIIe siècle, celui du patriarcat. À cet égard, il me semble donc que l'invraisemblance devient un outil de maintien du pouvoir patriarcal.

---

[39] Henry Phillips, *The Theatre and its Critics*, Oxford, Oxford University Press, 1980, p. 244.

Nitocris

Il est toutefois possible de déceler un discours différent dans les pièces d'un certain nombre de dramaturges pour qui la mise en scène d'une gynécocratie heureuse n'est pas incompatible avec la vraisemblance. L'exemple d'un tel texte est offert par la tragi-comédie trop méconnue de Du Ryer *Nitocris, reine de Babylone*. Son intérêt est d'autant plus grand qu'elle a été créée en 1648 et publiée en 1650, en pleine Fronde, sous la régence d'Anne d'Autriche. La pièce représente, d'une manière qui rappelle les pièces sur Élisabeth, une reine amoureuse de l'un de ses sujets, tiraillée entre les exigences de son rang et celles de son cœur. Toutefois, contrairement aux pièces consacrées à Élisabeth, dans *Nitocris* la question du mariage se trouve au cœur du conflit, Du Ryer mettant en scène le conflit entre gouvernement féminin et félicité nuptiale. Pour résumer brièvement l'intrigue, précisons que Nitocris aime l'un de ses généraux, Cléodate, qui aime la princesse Axiane, otage à la cour de Nitocris. Nitocris est elle-même convoitée par l'ambitieux Araxe, qui ne s'intéresse qu'à son trône et qui s'emploie à répandre des rumeurs calomnieuses sur son rival Cléodate.

Il nous est rappelé tout au long de la pièce qu'alors même que Nitocris est amoureuse, cette reine, dont le pouvoir absolu et l'autorité sont constamment soulignés (voir, par exemple, les v. 147, 253 et 396), reste d'abord et avant tout un personnage politique. On ne peut avoir aucun doute sur le fait qu'elle et son empire se trouvent dans une position de grande force[40].

---

[40] Voir, par exemple, les v. 905-916, dans PIERRE DU RYER, *Nitocris, Reine de Babylone*, Paris, 1651 :
Vous sçavez à quel poinct de puissance & de gloire
M'esleve maintenant la force & la victoire.
Mes plus grands ennemis n'ont point fait de desseins
Qui n'ayent esté pour moy des triomphes certains.
J'ay de ce grand estat les limites poussées
Où n'osoient mes ayeux estendre leurs pensées,
Et par moy cet Empire est si fort aujourd'hui,
Que le Ciel seulement est plus puissant que luy.

Une des toutes premières références faites à la reine sert à illustrer combien elle est consciente de la nécessité de conserver les clés du pouvoir et les moyens qu'elle a à sa disposition (v. 197-204). Tout comme l'Élisabeth Ire de l'histoire, Nitocris tient à garder Axiane à sa cour, afin que les princes voisins continuent à rivaliser pour l'affection de celle-ci. Cette situation empêcherait à la fois l'établissement d'une paix durable entre les rivaux, et le développement d'hostilités contre la cour de Nitocris. Cette utilisation par Nitocris non pas du mariage, mais du célibat comme arme politique, est perçue par Cléodate comme relevant de la « raison d'estat » (v. 252). C'est une idée, d'ailleurs, qu'il évoque plus tard à propos des projets de mariage de la reine elle-même.

Le discours de Nitocris est parsemé d'observations qui prennent la dimension de maximes politiques. Elle est, par exemple, clairement consciente de l'instabilité de l'opinion publique, de l'impossibilité de la contrôler et du fait que le pouvoir souverain est constamment exposé aux critiques. Son ingéniosité politique se révèle aussi dans sa perception des réseaux d'espionnage (« Mais croy que j'ai des yeux où je ne suis jamais »), dans son appréciation de la valeur de la récompense (« Et je sçay contenter quiconque sçait me plaire ») et dans la saine méfiance qu'elle éprouve envers des courtisans ambitieux (« Et tout ambitieux n'est jamais innocent[41] »). Cette intelligence est relayée par un sens aigu de la justice, de l'équité et de la magnanimité. Par ailleurs, ses observations ne sont jamais vaines. James F. Gaines pense que sa « capacité à exercer la justice » est « le thème principal du drame dans les deux derniers actes[42] ». À la diffé-

---

Enfin de sa grandeur Babylône certaine
Ne redoute plus rien que ses Dieux & sa Reyne ;
Et ce qui rend un trône & venerable & sainct
Je suis en tel estat qu'on m'ayme & qu'on me craint.

[41] PIERRE DU RYER, *op. cit.*, v. 1252, 270, 1232.

[42] JAMES F. GAINES, *Pierre du Ryer and his Tragedies : From Envy to Liberation*, Genève, Librairie Droz, 1988, p. 180. Henry C. Lancaster va encore plus loin : pour lui, la clémence du monarque absolu est le thème principal de la pièce, et il y voit des parallèles avec Auguste. Voir *Du Ryer, Dramatist*, Washington, Carnegie Institution, 1912, p. 142.

rence d'Élisabeth dont les tergiversations contredisent les décisions, Nitocris est parfaitement capable de mettre en application son ingéniosité et son sens de la justice dans la situation à traiter[43]. Bref, Nitocris incarne toutes les caractéristiques du souverain idéal.

Cependant, si Nitocris est une dirigeante puissante et juste, elle n'en reste pas moins une reine non seulement amoureuse mais aussi mariable et libre de se marier. Bien évidemment, le topos du mariage dynastique « forcé », souvent perçu comme allant de soi pour les reines, demeure un lieu commun à l'époque, l'exemple le plus connu étant peut-être *Don Sanche d'Aragon* de Corneille (également publié en 1650). Là où Du Ryer innove, c'est dans le fait que Nitocris n'est pas obligée de se marier si elle ne le désire pas. Son peuple n'exige en aucun cas un dirigeant mâle : il l'aime et la craint – la décision de se marier ou pas appartient totalement à Nitocris. De plus, loin de la mettre dans une situation où elle se trouve obligée de se marier, Du Ryer crée une situation où Cléodate, le héros (putatif) de la pièce, préconise qu'elle persiste dans le célibat. Loin de conseiller à la reine de s'allier le plus rapidement possible avec le roi voisin le plus fort et le plus proche, tel qu'on le lit habituellement dans les textes contemporains, Cléodate lui conseille de ne pas se marier lorsque la reine lui demande son avis. Il avance pour cela trois raisons : en pre-

---

[43] Sa décision, par exemple, de s'entretenir avec les quatre protagonistes, à propos de son éventuel mariage, souligne une certaine perspicacité, ainsi qu'une bonne volonté à demander des conseils. Certes, elle n'est pas trop fière pour écouter les conseils d'Achate, et réagit en mettant un espion dans l'entourage d'Araxe (v. 1274). L'arrestation d'Araxe n'est pas le résultat d'une décision hâtive, comme on pourrait le croire, mais est plutôt soutenue par le fait que la reine sait qu'il est coupable (v. 1275-1280). Enfin, en dépit de cette conviction de la culpabilité d'Araxe, elle ne présume pas automatiquement que Cléodate soit totalement innocent (v. 1285-1286), et, malgré son amour pour lui, elle réserve son jugement. Comme l'indique James F. Gaines : « Armed with political virtue and political astuteness, but conscious of her emotional susceptibility, Nitocris is in many ways a more complex and interesting monarch than her tragic predecessors [in Du Ryer's corpus] ». *Op. cit.*, p. 180-81.

mier lieu, il soutient qu'étant donné qu'elle inspire le respect
et la peur partout, prendre un mari (et, donc, un « maître ») ne
rehausserait aucunement sa gloire (v. 967-968). Le moment
pour choisir un époux, si elle avait dû se marier, aurait été
quand son pays se trouvait dans un état précaire, et quand son
peuple craignait qu'une femme ne pût apporter la stabilité.
L'idée implicite est qu'on s'aperçoit qu'ils avaient tort, vu
que son trône est maintenant « inébranlable » (v. 978). La
deuxième raison de Cléodate n'est pas sans sous-entendus par
rapport au sexe féminin de l'héroïne : tandis que Nitocris
règne seule, les princes voisins qui pourraient être amenés à
conspirer contre elle ne s'y résoudraient pas puisque c'est une
femme (v. 985-988). Enfin, Cléodate évoque un argument
semblable à celui qu'il a donné à Nitocris elle-même à propos
du célibat d'Axiane : tandis qu'il serait avantageux de ne pas
faire éteindre l'espoir d'un mariage chez ces princes voisins,
afin qu'ils la servent d'autant plus, épouser l'un d'eux susci te-
rait rapidement la jalousie et l'inimitié chez tous les autres
(v. 989-996). Partager la souveraineté, selon Cléodate, serait
un fardeau plus lourd à porter :

> Demeurez toute seule au char de la victoire,
> Deux n'y peuvent tenir avecque mesme gloire.
> Si l'Empire est un faix qui semble vous charger,
> Il le faut porter seul pour le trouver leger.   (v. 1013-1016)

Le fait que son célibat prolongé, et, par conséquent, sa liberté
vis-à-vis de la tutelle masculine, n'est pas seulement envisagé
comme possibilité, mais représenté comme la démarche la
plus avantageuse (et prôné par la voix masculine la plus importante de la pièce), nous indique jusqu'à quel point Du Ryer
innove.

Nitocris elle-même, malgré son amour, est consciente de la
menace potentielle que représente le mariage pour son autorité
et son ambition. Au début de son premier monologue (acte II,
sc. 1), elle déplore sa position comme reine, dans la mesure
où son rang entre en conflit avec son amour, avant d'évoquer

le revers de la médaille et la réalité que pourrait impliquer le mariage :

> Mais que dis-tu mon ame ? ou bien que veux-tu faire ?
> Veux-tu te rendre esclave ? ou Reyne tributaire ?
> Mais pense tu regner en te donnant un Roy ?
> Tu l'aymes maintenant qu'il est en la puissance
> De l'élever au rang où te mit ta naissance :
> Mais penses-tu l'aymer lors que tu deviendras
> Jalouse du pouvoir que tu luy donneras ?
> Enfin je veux regner comme victorieuse,
> Et l'amour fuit bien tost d'une ame ambitieuse ;
> L'ambition le chasse, & contre ce geant
> Quoy que fasse l'amour, il est toujours enfant.   (v. 349-360)

De la même manière, à la fin de la pièce, c'est son désir de conserver le pouvoir qui l'aide à résoudre le conflit où elle se trouve. Le moment décisif, quoique assez peu convaincant, est celui où elle arrache à Araxe une demi-confession de sa trahison, ce qui sert à lui rappeler qu'une fois mariée, elle pourrait ne plus être à même d'exercer une telle autorité : « Enfin par ce succes je commence à prevoir / Que l'hymen souhaité blessroit mon pouvoir » (v. 1623-1624). Restée seule avec son conseiller Achate, elle décide de dominer ses propres émotions et de donner la priorité à sa position, évitant ainsi toute menace de devenir la victime de la dynamique patriarcale inhérente au mariage :

> Acheve de marcher sur des flammes si vaines,
> Considere qu'un trosne est plus beau que des chaisnes,
> Mille exemples fameux nous peuvent enseigner
> Qu'on se lasse d'aimer, mais non pas de regner.
> Demeure donc au rang où le Ciel te fait naistre,
> Ne connoy que le Ciel pour arbitre & pour Maistre
> Et sans nous exposer à recevoir des lois
> Regnons enfin sur ceux que nous ferions nos Rois.
>   (v. 1663-1670)

La magnanime Nitocris marie Cléodate, l'homme qu'elle aime, à sa rivale Axiane, accorde son pardon à l'intriguant Araxe, et demeure seule femme célibataire à régner sur Babylone.

Il est évident qu'en choisissant un personnage obscur de l'histoire, Du Ryer se libère de maintes contraintes relatives au traitement des sources historiques. Il n'y a ni dédicace, ni avant-propos qui puisse nous renseigner sur ses sources, voire sur les raisons qui l'ont poussé à choisir ce sujet[44]. Nous ne pouvons donc pas savoir comment il a modifié ses sources, ou même s'il n'a pas inventé toute l'intrigue. De toute manière, la question de savoir si ces événements sont historiquement vrais ou pas, n'est pas pertinente : l'essentiel est que du Ryer – et dans le choix du sujet et dans le traitement de celui-ci – propose un modèle de la gynécocratie stable comme vraisemblable.

Il est peu surprenant que tout le monde ne partage pas son avis sur la plausibilité de la souveraine juste et rationelle. Pour les Frères Parfaict, par exemple, les personnages de la pièce « sortent trop de la vraisemblance[45] ». Ce que Du Ryer n'a pas fait, bien évidemment, est de régler le conflit privé/public : il n'a pas mis sur scène une reine heureuse en mariage, et heureuse au pouvoir. Néanmoins, il a suggéré une solution dans le célibat, solution d'autant plus nouvelle et frappante, qu'on se souvient que le célibat féminin volontaire a toujours suscité dans la pensée masculine une certaine ambivalence[46]. D'après Marie-France Hilgar, qui évoque en fait Nitocris comme un exemple, ce qui intéresse Du Ryer dans toutes ses pièces, c'est « l'indivisibilité de la souveraineté[47] ». Ajoutons que Du Ryer ne perçoit pas cette souveraineté comme fondamentalement sexuée, fonda-

---

[44] Nous ignorons toujours ses sources, mais on trouve une brève allusion à l'héroïne éponyme chez Hérodote, dont Du Ryer avait traduit l'œuvre quelques années auparavant. Voir HENRY C. LANCASTER, *Du Ryer, op. cit.*, p.140.

[45] LES FRÈRES PARFAICT, *Histoire du théâtre français*, Paris, P. G. Le Mercier et Saillant, 1734-1748, vol. VII, p. 262.

[46] Sur le célibat féminin, voir ELIZABETH ABBOTT, *A History of Celibacy*, Cambridge, Lutterworth Press, 2001 ; JOYCE E. SALISBURY, *Church Fathers, Independent Virgins*, Londres et New York, Verso, 1992.

[47] MARIE-FRANCE HILGAR, « L'art de régner dans le théâtre de Pierre du Ryer », dans *Actes de Wakeforest. L'Image du souverain dans le théâtre de 1600 à 1650 ; Maximes ; Madame de Villedieu*, Milorad R. Margitic et R. Byron Wells (éds.), Paris, Seattle et Tübingen, Biblio 17, 1987, p.188.

mentalement paternelle, comme le font d'autres auteurs, mais, qu'au contraire, il la perçoit comme une institution androgyne, qui transcende les questions de sexe. Loin de se servir de l'invraisemblable pour soutenir le *statu quo*, Du Ryer présente une réalité alternative comme vraisemblable, et subvertit ainsi le discours dominant de l'hégémonie androcentrique.

Pulchérie

Le troisième exemple que j'aimerais examiner est celui de *Pulchérie* (1673), comédie héroïque de Corneille[48], qui offre un portrait frappant d'une impératrice vierge qui compte le rester après son mariage[49]. Ici, il est évident que la capacité des femmes à régner n'est pas en jeu. Tout au long de la pièce, les compétences politiques de Pulchérie sont présentées comme une évidence, étant donné qu'elle a déjà régné sous le nom de son frère pendant plusieurs années précédant l'action de la pièce. Quand, à l'ouverture de la pièce, le Sénat est sur le point de choisir un nouveau chef d'État, suite à la mort de Théodose, Pulchérie espère qu'ils choisiront le jeune Léon, dont elle est amoureuse, ce qui lui permettra de continuer à gouverner (v. 15-16)[50]. Quand Pulchérie elle-même est nom-

[48] Pour une analyse du « genre » de la comédie héroïque, voir HÉLÈNE BABY-LITOT, « Réflexions sur l'esthétique de la comédie héroïque de Corneille à Molière », *Littératures Classiques*, n° 27, 1996, p. 25-34.

[49] La critique littéraire, à propos de *Pulchérie*, s'est concentrée sur le personnage de Martian, souvent vu comme l'image de Corneille lui-même, le vieil amoureux. Pour des articles qui analysent le rôle de l'impératrice, voir SIMONE ACKERMAN, « Roxane et Pulchérie : autorité réelle et pouvoir illusoire », *Cahiers du Dix-Septième : An Interdisciplinary Journal*, vol. II, n° 2, 1988, p. 49-64 ; HUGUETTE GILBERT, « Pouvoir et féminité dans *Pulchérie* », dans *L'Art du théâtre*, Paris, Presses universitaires de France, 1992, p. 101-110 ; DOMNA STANTON, « Power or Sexuality : The Bind of Corneille's *Pulchérie* », *Women and Literature*, vol. I, 1980, p. 236-247.

[50] Toutes les références renvoient à PIERRE CORNEILLE, *Œuvres complètes*, Georges Couton (éd.), Paris, Gallimard (Bibliothèque de la Pléiade), 1980-1987, vol. III.

mée par les sénateurs – pour qui, dans leur majorité, la jeunesse de Léon est une entrave au pouvoir absolu – son choix devient, paradoxalement, beaucoup plus difficile. Très heureuse d'accepter Léon comme mari, si celui-ci en tant qu'empereur lui offrait sa main, elle craint que le choisir elle-même, sans le soutien entier du Sénat, ne risque d'ébranler la stabilité du royaume (v. 731-744). Tandis que le vieux sénateur Martian maintient qu'elle pourrait gouverner pour les deux, comme elle l'avait fait pour elle-même et son frère – « L'auguste Pulchérie en sait assez pour deux » (v. 552) –, le jaloux Aspar envisage des difficultés pour le gouvernement si elle se marie avec Léon (v. 557-562). Entre le moment où on apprend qu'elle est élue (acte II, sc. 1) et le moment où elle révèle son choix d'épouser Martian (acte V, sc. 3), l'intérêt dramatique de la pièce, à l'instar de maintes autres pièces de Corneille, se concentre sur le choix matrimonial d'une femme mariable[51]. Comment le conflit communément vu entre amour et devoir (politique) est-il construit ici ? Et comment Corneille rend-il vraisemblable l'idée d'un mariage blanc, suggéré par Pulchérie elle-même, malgré son amour pour Léon ? Les deux questions, en fait, ne sont pas sans rapports.

L'attitude de Corneille envers le vrai et le vraisemblable a fait couler beaucoup d'encre, tout comme son usage de l'histoire[52]. Qu'il nous suffise ici de rappeler l'avis qu'il exprime à ce sujet dans son *Discours de la tragédie* : « Lorsque [les actions] sont vraies, il ne faut point se mettre en peine de la vraisemblance, elles n'ont pas besoin de son secours[53] ».

---

[51] Pour une analyse du topos récurrent du mariage chez Corneille, voir ALICE RATHÉ, *La Reine se marie : variations sur un thème dans l'œuvre de Corneille*, Genève, Librairie Droz, 1990.

[52] Parmi des études récentes, voir GEORGES FORESTIER, *Corneille : le sens d'une dramaturgie*, Paris, SEDES, 1998 et JOHN D. LYONS, *The Tragedy of Origins : Pierre Corneille and Historical Perspective*, Stanford, Stanford University Press, 1996.

[53] « De la tragédie », dans PIERRE CORNEILLE, *Trois Discours sur le poème dramatique*, Marc Escola et Bénédicte Louvat (éds.), Paris, GF Flammarion, 1999, p. 124.

Dans *Pulchérie*, le dramaturge choisit un sujet qui est vrai (le maintien du gouvernement de l'héroïne et son célibat volontaire après le mariage), mais qui aurait peut-être paru invraisemblable aux spectateurs du XVIIe siècle, pour qui le mariage était inextricablement lié à l'exercice des droits conjugaux du mari. Étant donné la façon dont il modifie l'histoire, on pourrait penser qu'il est plus soucieux de la vraisemblance qu'il ne le laisse paraître dans le texte cité ci-dessus.

Dans *Pulchérie*, Corneille apporte deux modifications importantes par rapport à la réalité historique. Le choix du célibat de la Pulchérie de l'histoire fut, selon la tradition, motivée par la religion, et certainement pas par un amour frustré comme c'est le cas ici (v. 1021-22)[54]. En introduisant l'amour dans l'action, Corneille se donne la possibilité d'explorer le conflit entre des enjeux personnels et des enjeux politiques pour accroître l'intérêt dramatique. Mais, ayant introduit le thème de l'amour, Corneille semble s'inquiéter de l'invraisemblance d'une passion amoureuse chez son héroïne quinquagénaire, ce qui semble conduire le dramaturge à sa seconde modification de l'histoire, à savoir, l'âge de Pulchérie. En réalité, Pulchérie a régné pendant trente-six ans pour son frère, à partir de l'an 414. Les événements de la pièce eurent lieu en 450, quand elle avait cinquante et un ans. Mais l'héroïne de la pièce n'a que trente ans, n'ayant régné que quinze ans pour son frère, idée que Corneille réitère trois fois (v. 14, 229 et 554)[55]. Il semble qu'aux yeux de Corneille le sentiment amoureux de l'héroïne soit plus vraisemblable si le personnage est jeune. De plus, on pourrait supposer que représenter Pulchérie comme une jeune femme rendrait son conflit plus réel,

---

[54] Le rôle de la religion dans sa motivation est bien mise en question par certains historiens modernes. Voir, par exemple, KENNETH G. HOLUM, *Theodosian Empresses : Women and Imperial Dominion in Late Antiquity*, Berkeley, University of California Press, 1982, p. 93-96, qui soutient que son vœu de virginité avait des origines politiques très nettes.

[55] Corneille indique dans l'avis « Au lecteur » que Pulchérie avait bien cinquante et un ans, et attribue des raisons religieuses à son vœu de virginité. Rien n'est indiqué par rapport aux modifications qu'il apporte à l'histoire.

et plus dramatique son choix final du célibat (mettant par là même fin à sa lignée).

Regardons d'abord comment le conflit habituel est représenté. On ne saurait douter qu'elle n'aime Léon. Non seulement affirme-t-elle son amour dans le tout premier vers de la pièce – dans une violation frappante des règles de la bienséance qui interdisaient aux femmes en général de déclarer ouvertement leur amour, et surtout à une reine/impératrice de parler d'une pareille façon à un sujet : « Je vous aime, Léon, et n'en fais point mystère » – mais en plus elle parle à maintes reprises sur un ton lyrique. Elle insiste, par exemple, sur le fait que « Léon seul est [s]a joie, il est [s]on seul désir » (v. 847), que « Rien n'en détachera [son] cœur que le trépas » (v. 851). À deux reprises, le choix de son rang plutôt que son amour est évoqué comme un sacrifice (v. 1224 et 1073) ; ailleurs, elle déclare qu'elle « [s]'immole » (v. 1662). Paradoxalement, ne pas choisir Léon est une preuve de son amour. À propos de Martian, elle ajoute :

> [...] reconnaissez-vous
> À quel point je vous sers, quand j'en fais mon époux ?
> C'est pour vous qu'en ses mains je dépose l'Empire,
> C'est pour vous le garder qu'il me plaît de l'élire.
>
> (v. 1675-1679)

Propos sans doute justes... en partie. Néanmoins, tout ce discours sur l'amour est fortement nuancé par un autre discours sur le pouvoir, tout au long de la pièce.

Dès le début, il est évident que cet amour est, et restera, secondaire à son désir de régner. Motivée par son « habitude à régner » (v. 15), Pulchérie avoue à Léon qu'elle ne l'épousera qu'à condition qu'il soit élu comme empereur : « à moins que ce rang, plus d'amour, point d'époux » (v. 40). S'il n'est pas élu, elle se retira (seule) en Judée (v. 44). Selon Léon, « toute [s]a tendresse » est pour le trône (v. 62). Faire de l'État sa priorité devient encore plus évident lorsqu'elle est élue. En tant que chef d'État, l'amour ne peut pas motiver ses actions maintenant que le sort de l'État dépend de son choix (« Et si de ce grand choix ma flamme est la maîtresse, / Je

commence à régner par un trait de foiblesse » (v. 785-786)),
comme elle le souligne deux fois : « Je suis Impératrice, et
j'étais Pulchérie » (v. 754 et 794). L'idéal pour elle serait de
gouverner seule (v. 1030 et 1304). L'amour demeurera toujours secondaire face aux enjeux étatiques et ne jouera, en
aucun cas, un rôle dans le choix de son mari (voir aussi
v. 761-762). Une de ses premières réactions à la nouvelle de
son élection est d'essayer de pousser Léon à aimer quelqu'un
d'autre (v. 864ff et 1175ff). D'ailleurs, son devoir politique
est moins souvent présenté comme devoir que comme volonté de régner. L'idée du « conflit » entre l'amour et le devoir
politique, que l'on trouve souvent dans d'autres pièces, se
trouve ici nuancée par sa forte détermination à donner la
priorité à la politique. L'hésitation et l'indécision qui prédo-
minent dans d'autres pièces font place à un refus de décider,
refus qui a ses origines dans un raisonnement politique, moti-
vé – comme l'est Pulchérie elle-même dans ce jeu de
pouvoir – par un désir de se mettre à l'abri des critiques ulté-
rieures.

Volonté et capacité de régner, soit. Mais, étant donné le
rôle du Sénat, on pourrait se demander si Pulchérie détient un
réel pouvoir. Apparemment, le pouvoir et l'autorité lui appartiennent : elle est « [l']arbitre de l'Empire » (v. 1413), le
« pouvoir suprême » est à elle (v. 1181) ; lui ayant octroyé la
pleine autorité, le Sénat ne lui prescrira pas le chemin à
prendre (v. 1466). Néanmoins, comme les sénateurs insistent
pour qu'elle se marie (apparemment « Pour donner plus de
force à [son] authorité », v. 1472), elle se trouve paradoxalement l'esclave de ceux qui l'honorent. Cet esclavage, elle le
reconnaît comme étant explicitement lié à son sexe :

> Sexe, ton sort en moi ne peut se démentir
> Pour être Souveraine, il faut m'assujettir
> En montant sur le trône entrer dans l'esclavage,
> Et recevoir des lois de qui me rend hommage. (v. 1475-1478)

Qu'est-ce qui est différent, donc, entre cette pièce et celles,
nombreuses, qui mettent en scène le dilemme insoluble d'une

reine obligée de se marier, et par là même de se conformer aux rôles qu'on lui assigne dans le patriarcat, soit comme souveraine, soit comme épouse ? La différence réside dans le fait que Corneille permet à Pulchérie de subvertir le patriarcat, tout en s'y conformant en apparence[56]. Cette subversion est possible, me semble-t-il, parce qu'il peint son héroïne en précieuse. Et ce faisant, le mariage blanc devient donc non seulement vraisemblable mais aussi une « mise-en-autonomie » de Pulchérie[57]. L'idée que Pulchérie « sacrifier[a] » son amour « au bonheur de l'État » en abandonnant Léon, s'accorde mal avec son raisonnement au début de l'acte V selon lequel son amour est peut-être incompatible avec le mariage :

> Je crains de n'avoir plus une amour si parfaite,
> Et que si de Léon on me fait un époux,
> Un bien si désiré ne me soit plus si doux.
> Je ne sais si le rang m'aurait fait changer d'âme ;
> Mais je tremble à penser que je serais sa femme,
> Et qu'on n'épouse point l'amant le plus chéri,
> Qu'on ne se fasse un maître aussitôt qu'un mari.
>
> (v. 1438-1444)[58]

[56] Ce point de vue s'oppose à celui d'Huguette Gilbert pour qui « le compromis que Pulchérie fait accepter à Martian pour " éblouir " le peuple ne vise à ridiculiser ni à subvertir l'ordre patriarcal, mais au contraire à le préserver, en en maintenant [...] les nécessaires apparences ». Art. cité, p. 110. Il me semble, en revanche, que n'en garder que les apparences, c'est précisément le subvertir.

[57] Il est à noter que *Pulchérie* fut jouée pour la première fois en 1672, la même année que *Les Femmes savantes* de Molière.

[58] Dès le début, il est évident qu'elle n'entretient aucune illusion par rapport au mariage. Elle déclare à Léon :
[...] une âme bien née
Ne confond pas toujours l'amour et l'hyménée.
L'amour entre deux cœurs ne veut que les unir ;
L'hyménée a de plus leur gloire à soutenir ;
Et, je vous l'avouerai, pour les plus belles vies
L'orgueil de la naissance a bien des tyrannies.
Souvent les beaux désirs n'y servent qu'à gêner.
(CORNEILLE, *Pulchérie, op. cit.*, v. 78-83)

Tout comme certaines héroïnes de Du Ryer, Pulchérie est possessive envers son pouvoir et n'a aucune envie de le partager : très rapidement après son élection, elle se dit « jalouse déjà de [s]on pouvoir suprême » (v. 761)[59]. Remarquons que Zénobie et Sémiramis sont, aux yeux de Pulchérie, de bons exemples de femmes qui ont réussi à gouverner seules, d'une part parce qu'elles étaient de bonnes politiciennes, d'autre part parce qu'elles occupaient l'espace le plus autonome pour les femmes, autrement dit le veuvage :

> J'aimerais à régner avec l'indépendance
> Que des vrais souverains s'assure la prudence,
> Je voudrais que le Ciel inspirât au Sénat
> De me laisser moi seule à gouverner l'Etat,
> De m'épargner ce maître, et vois d'un œil d'envie
> Toujours Sémiramis, et toujours Zénobie.
> On triompha de l'une ; et pour Sémiramis,
> Elle usurpa le nom, et l'habit de son fils,
> Et sous l'obscurité d'une longue tutelle,
> Cet habit et ce nom régnaient tous deux plus qu'elle :
> Mais mon cœur de leur sort n'en est pas moins jaloux,
> C'était régner enfin, et régner sans époux,
> Le triomphe n'en fait qu'affermir la mémoire,
> Et le déguisement n'en détruit point la gloire.   (v. 1445-1457)

Pour satisfaire ce désir de régner sans « maître », Corneille (en suivant l'histoire) propose une autre option que le veuvage pour Pulchérie : celle d'une union *in nomine*. Cela implique que, si le mari de l'impératrice n'est pas son « maître » au sens sexuel, il ne sera pas du tout son « maître ». En d'autres termes, nier le côté physique du mariage, et choisir la virginité, pourrait être vu, non pas comme un *sacrifice* pour Pulchérie, mais comme une façon de déjouer le système et de garder son autonomie. D'ailleurs, Corneille rend vraisemblable ce choix d'assujettir sa sexualité à ses in-

---

[59] Comme le remarque Irène : « C'est un cœur fier et grand, le partage la blesse, / Elle veut tout ou rien, et dans ce haut pouvoir / Elle éteindra l'amour, plutôt que d'en déchoir ». *Ibid.*, v. 1426-1428.

térêts politiques car l'on sait que même son amour pour Léon n'est pas charnel :

> Je vous aime, et non point de cette folle ardeur
> Que les yeux éblouis font maîtresse du cœur
> [...]
> Et qui, ne concevant que d'aveugles désirs,
> Languit dans les faveurs, et meurt dans les plaisirs ;
> Ma passion pour vous, généreuse, et solide,
> À la vertu pour âme, et la raison pour guide.   (v. 3-10)

De plus, le fait que la lignée finira avec un « mariage célibataire » entre elle et Martian n'est pas vu non plus comme un sacrifice. Au contraire, la lignée est apparemment déjà en train de dégénérer, et ses descendants ne feraient que la déshonorer. Malgré le nombre de princesses illustres, « Dans les princes qu'il forme, il n'a que des foiblesses » (v. 1538). Somme toute, Pulchérie ne veut qu'« une ombre » (v. 1545) :

> Un mari, qui content d'être au-dessus des Rois
> Me donne ses clartés, et dispense mes lois,
> Qui, n'étant en effet que mon premier ministre,
> Pare ce que sous moi l'on craindrait de sinistre,
> Et pour tenir en bride un peuple sans raison
> Paraisse mon époux, et n'en ait que le nom.   (v. 1547-1552)

En fin de compte, elle déjoue, elle trompe (v. 1516), elle s'oblige (v. 1570). Il s'ensuit que, bien qu'on puisse suggérer qu'elle est contrainte de céder au patriarcat et qu'elle y soit absorbée comme le sont d'autres héroïnes, on pourrait également soutenir qu'elle subvertit le système, qu'elle satisfait le peuple par le biais des apparences, et qu'en réalité elle reste un agent libre. En acceptant le mariage, tout en insistant sur le célibat, Pulchérie refuse son rôle dans l'économie sexuelle, mais le valide dans l'économie politique et défriche un nouvel espace pour la souveraine[60]. Chez Du Ryer et Corneille, le

---

[60] S'il est vrai, comme l'indique Domna Stanton, que le triomphe du patriarcat est garanti à la longue par le choix de Léon comme gendre de Martian, il n'en reste pas moins vrai que la volonté de régner de Pulchérie est

conflit entre la gynécocratie et le modèle patriarcal du maria
ge est résolu en permettant à ces femmes régnantes d'élaborer
au sein du patriarcat leur propre rôle, autonome et déterminé,
en tant que reines volontairement vierges. Cette représentation
met implicitement en question l'acceptation aveugle des structures du pouvoir patriarcal comme la seule réalité pensable.

* * *

J'aimerais conclure avec une observation et une hypothèse.
L'observation est la suivante : en comparant les deux citations
du début de notre analyse sur Élisabeth, on se rend compte que
le mot « roi » est utilisé d'une façon différente. Dans la citation de Boursault, il est évident que, par le mot « roi », on fait
allusion à un souverain mâle, étant donné que « la main des
Rois » est mise en opposition directe avec « le regne d'une
femme ». En revanche, dans la défense d'Élisabeth pour sa
propre souveraineté dans la citation de Boyer, on trouve l'emploi du signifiant masculin « roi » pour désigner une *souveraine* : ces paroles sont celles d'une reine qui fait allusion à elle-
même et qui parle de la capacité des femmes à régner. Dans
toutes ces pièces, on trouve maints exemples où Élisabeth,
Jeanne Grey, Marie Tudor, Marie Stuart, où toutes ces *femmes*
sont désignées comme des « rois ». Boursault, par exemple,
nous fournit un exemple frappant des « genres mixtes », pour
ainsi dire, quand Norfolc, au moment où il apprend qu'Élisabeth a condamné à mort Marie Stuard, s'exclame :

> Condamnée ! Eh Madame, ayez soin de vos droits ;
> Ce mot injurieux n'est point fait pour les Rois.
> Dans la gloire suprême où le ciel les fait naître,
> Maîtres de tout le monde ils n'ont que Dieu pour Maître.
> La Reine qu'on opprime, et dont il est l'appui,
> De tout ce qu'elle a fait n'est comptable qu'à lui.
>
> (acte IV, sc. 4)

---

entre-temps satisfaite. De plus, la manière dont elle à l'intention d'exercer son
pouvoir est évidente : vu qu'une de ses premières actions est de donner en
mariage la fille de Martian sans même le consulter, il ne me semble pas juste
de dire qu'elle ne reste que « master-in-name-only ». Art. cité, p. 243.

La marque du féminin dans les mots *condamnée, reine* et *elle* contraste nettement avec le masculin des mots *rois, maîtres* et *ils*[61]. Ces reines sont représentées comme *rois* à la fois par leurs partisans et par leurs détracteurs à cause des limitations du langage : il n'y pas d'autre outil linguistique pour rendre le concept de la souveraineté féminine. Dès lors, il devient évident que le mot « roi », en lui-même fondamentalement *gendered*, ici transcende le *gender*. La plasticité inhérente au *gender* dans le concept de la souveraine saute aux yeux[62]. Mon hypothèse est celle-ci : si on analyse le pouvoir et la vraisemblance en termes linguistiques, il est évident que les dramaturges ne peuvent pas faire autrement que de dénoter la *reine* comme *roi,* puisque les données du langage sont au-dessus de leur contrôle. La femme-roi est donc, sur le plan langagier, vraisemblable. Il semble que ce soit dans l'exploitation (ou l'acceptation tacite) des limitations du langage lui-même, que l'on trouve la preuve ultime d'un discours alternatif, où les reines ne sont pas toujours d'invraisemblables rois.

---

[61] Voir également les paroles de Soubtantonne (acte I, sc. 5) et d'Alix (acte V, sc. 2) dans l'*Essex* de La Calprenède ; de Northbelant (acte I, sc. 3), de Gilfort (acte 3, sc. 2), et de Marie Tudor (acte 4, sc. 1) dans *Jeanne, reyne d'Angleterre.*

[62] Sur la « gender plasticity » du personnage de la reine, voir LOUISE O. FRADENBURG, « Introduction », dans *Women and Sovereignty*, Louise O. Fradenburg (éd.), Edinburgh, Edinburgh University Press, 1992, p. 4-5.

RALPH HEYNDELS
(University of Miami)

VRAISEMBLANCE DRAMATIQUE, INVRAISEMBLABLE HOMOTEXTE ?

Bérénice de Racine

Nul n'ignore que résumer une trame diégétique ou une organisation dramatique – ou seulement en disposer quelques paramètres préalables – s'articule déjà sur l'axe du commentaire analytique et/ou interprétatif virtuel, potentiel ou effectif (c'est-à-dire toujours d'une certaine manière : irréel, fictif, voire phantasmatique) de ce que l'on va soumettre à l'interlocution.

On va donc, à dessein, tout d'abord brièvement proposer quelques linéaments de la constellation des personnages de *Bérénice* de Racine dans son rapport avec ce qui sera ici désigné comme l'*homotexte implicite* de cette œuvre. De ce dernier, il ne s'agira cependant nullement de « repérer » une supposée présence sous-jacente et/ou « dérobée », mais – en lui accordant à la fois une fonction d'agissement textuel et le statut de concept opératoire – d'en reconnaître au contraire la *pleine évidence*.

C'est dès lors de cette dernière que l'on interrogera, d'une part, les déterminations mêmes qui en produisent l'ignorance, la déviation ou le blocage dans la réception critique ; et, d'autre part, les effets projetés par son assertion sur l'examen des conditions de régulation esthétique de son émergence, lesquels, dans l'œuvre ici considérée, relèvent, entre autres, de la vraisemblance et de la bienséance, donc ultimement des effets d'un pouvoir[1].

---

[1] Se reporter aux travaux de JEAN-MARIE APOSTOLIDÈS, *Le Roi machine*, Paris, Les Éditions de Minuit, 1981 ; *Le Prince sacrifié*, Paris, Les Éditions de Minuit, 1985.

Bérénice, à cet égard, dévoile et illumine tout à la fois une relation triadique, certes complexe, mais aussi parfaitement *cadrée*, entre le tout nouvel empereur de Rome, la reine de Palestine vaincue cinq ans auparavant par Titus, et Antiochus (aussi devrait-on garder en mémoire le *partage* de cette conquête), le roi de Commagène, un pays oriental voisin de celui de Bérénice mais qui était déjà sous le joug de Rome lorsque la Palestine à son tour fut soumise à l'empire – et la proximité autant que la différence de cette situation objective jouent un rôle dans le scénario imaginaire que l'on va s'efforcer d'analyser.

Antiochus donc, qui, au sein de ce que l'on appellera pour l'instant, d'une manière non problématique, une *amitié particulière* réciproque, est de Titus le *second* préféré ou le premier vassal, et aussi, du point de vue de Bérénice, son *doublet* – un *autre lui-même*, dit-elle.

Cette relation est en fait littéralement *exposée* dans la lumière aveuglante d'une visibilité textuelle extrême. Elle révèle de l'inconscient textuel une économie *claire et distincte*, ou, pour substituer au vocabulaire cartésien un terme cher à Racine – particulièrement dans la préface de cette tragédie-ci –, une forme symbolique toute *simple*.

Il n'est point de nécessité herméneutique à « soupçonner » l'utilisation conjoncturelle du lexique amoureux ou l'ambiguïté connotative potentiellement présente dans six vers de la pièce, comme le fait Nicholas Hammond[2] – le seul critique à ma connaissance à avoir eu le mérite de mentionner le caractère homo-érotique de ce qu'il faut bien nommer la *passion* mutuelle des deux amants de Bérénice (au sens que ce mot possède au XVIIᵉ siècle) –, pour pouvoir lire dans la tragédie un homotexte participant structurellement de la cohérence organique de celle-ci et de sa vraisemblance dramatique, même (et peut-être : surtout) si son interprétation pourrait bien relever d'une certaine forme de l'invraisemblable.

² NICHOLAS HAMMOND, *Cultural Tensions : An Introduction to 17ᵗʰ Century French Literature*, Londres, Duckworth, 1997.

C'est, en effet, cette interprétation qui est, si l'on veut, dans l'ombre du texte, et son sujet qui en hante les marges, alors que son objet même y est de l'ordre de l'évidence.

Par exemple, le recours au verbe *aimer* pour désigner, à une scène d'intervalle, tantôt le sentiment d'Antiochus à l'égard de Bérénice (« Pourrais-je, sans trembler, lui dire : "je vous aime ?" », acte I, sc. 2), tantôt celui de Titus à l'égard du roi de Commagène (« Le ciel met sur le trône un prince qui vous aime », acte I, sc. 3), n'a, dans les conditions lexicologiques du temps, aucune pertinence sémantique particulière, mais il peut acquérir celle-ci si on le confronte à l'absence de toute substitution – pourtant potentiellement attendue dans le langage galant qui caractérise la rhétorique racinienne – du substantif *amour* par *amitié* entre l'empereur et la reine.

Or une telle permutation n'aurait en tant que telle provoqué aucun effet troublant, quant aux contraintes de la bienséance, à moins d'être *rapportée* à l'hypothèse externe ou à la possibilité interne d'une telle pertinence dans le champ homotextuel.

Ou, si l'on préfère, ce pourrait être parce que Titus et Antiochus s'aiment *d'amour* – même si, bien entendu, l'usage de ce mot ou des ses métaphores (*feu, flamme*) est structurellement impossible entre les deux héros – que le nom d'*amitié* ne puisse en aucun lieu de la pièce venir occuper une place où, s'il n'est assurément point nécessaire, il n'était cependant pas non plus interdit. Or le régime d'une telle prohibition, qui serait ici, par hypothèse, à l'œuvre, est en fait disposé par l'effort critique à l'horizon d'attente du texte, et ne relève pas – contrairement à ce que l'on pourrait à première vue penser – de la conséquence d'un pouvoir médiatisé par ce *fondement de la vraisemblance*, cet *universel de toute règle*, à savoir la bienséance, définie comme le *respect de ce qui est convenable*.

La bienséance, en effet, qui exclut tout ce qui s'oppose aux principes esthétiques, poétiques, langagiers et moraux établis, ne définit évidemment pas « quelque chose » qui, dans l'épistémè du temps, n'existe pas (et que nous appelons depuis la fin du XIXe siècle « homosexualité »), pas plus qu'elle ne peut localiser négativement ce qui dans l'homotexte est substantiellement irrecevable et/ou invraisemblable.

Mais elle détermine, pour un effort interprétatif *aujourd'hui* concevable, l'espace blanc d'un imaginaire impensable où la signification invraisemblable de celui-ci peut être impliquée et s'offrir, comme sous l'espèce d'une trace lumineuse, à l'exégèse motivée par un vouloir désirant[3].

L'homotexte implicite, tel qu'il est ici entendu, est, d'une certaine manière, le tout d'un *presque rien* (qui mérite cependant une réflexion attentive) et l'effet de savoir d'un *je ne sais quoi* dont nous savons, depuis Bouhours, que la nature est par essence incompréhensible et inexplicable, et cesserait d'exister si on prétendait lui assigner un sens défini. Il n'est donc pas le secret (caché, recouvert, camouflé), mais l'aveu irradiant de ce que l'on ignore, et qui est marqué du sceau de l'invraisemblable.

L'examen auquel on va se livrer ici, d'une façon forcément schématique vu les limites de cet article, d'une série d'agencements de la cérémonie sémiotique que constitue la tragédie qui nous occupe – où ce n'est évidemment pas un supposé réel qui s'exprime mais des mots qui s'échangent –, ne va donc certainement pas conduire à ce qui serait une prétendue « explication » (logique, causale, positive) d'un homotexte soi-disant fondé sur une auto-censure consciente (laquelle serait alors placée sous l'égide d'une bienséance muette) ou sur l'opération d'un refoulement dont l'objet même est à la date du texte inexistant – et dont, au demeurant, l'émergence freudienne est sujette à caution[4].

Une tel positionnement (et une telle « positivité ») étiologique s'accompagnerait en effet d'une espèce d'éthique de la suspicion et de la dénonciation, style *outing*, qui ferait, par exemple, de Titus et Antiochus un couple *gay* enfermé dans le

---

[3] Voir Sanford Ames, Yvan Bamps et Ralph Heyndels (éds.), *L'Imaginaire impensable*, Cincinnati, *Romance Review*, 1991.

[4] On renvoie ici à LEE EDELMAN, *Homographesis : Essays in Gay Literary and Cultural Theory*, Londres et New York, Routledge, 1994.

closet de la bienséance, voire de Racine lui-même un homosexuel réprimé par ce qui serait alors une psychologie domi-
nante, à cet égard spécifique, et sans doute aussi déjà prise
dans la généralité idéologique de la « nature humaine » dont
elle va plus tard prétendre établir la « scientificité ».

Mais plus fondamentalement peut-être – et mesurer la re-
tombée d'une telle proposition dans le forum académique de
ce qu'il est convenu d'appeler, aux États-Unis surtout, *gay* ou
queer studies, nous entraînerait trop loin du cadre de cet exposé –, la catégorie de l'« homosexuel » est une construction qui
apparaît seulement lorsque, d'une part, la sexualité elle-même
est constituée et isolée non comme un *locus* physique et une
instance émotive mais comme une structure pivot de l'individualité et de l'identité psycho-sociale, et, d'autre part, lorsque
l'homophobie objective devient symétriquement un mode de
raisonnement régulé par ce que Adrienne Rich, entre autres,
appelle l'« hétérosexualité compulsive[5] ».

L'utilisation d'une telle catégorie est dès lors hautement in-
due lorsqu'il s'agit d'examiner des manifestations ou des comportements symboliques où l'évidence d'un homotexte implicite – que ce soit d'ailleurs dans une œuvre du passé ou contemporaine, dans une pratique sociale lointaine ou proche – opère
le dépassement d'une limite vers une extériorité *intraitable*[6]
que le geste de celui-ci, en son immanence même, fonde comme interdit, non sur le plan de la moralité (ou de la tolérance),
mais sur celui d'une « solution », d'une « chance », ou d'une
« voie de sortie » déniée à la polymorphie du désir emportée
dans les rites de passage mythique et l'établissement des
normes d'une culture donnée[7].

---

[5] ADRIENNE RICH, « Compulsory Heterosexuality and Lesbian Existence », dans Henry Abelove, Michèle Aina Barale et David M. Halperin (éds.),
The Lesbian and Gay Studies Reader, Londres et New York, Routledge,
1993, p. 227-254.

[6] Voir RALPH HEYNDELS, « L'intraitable (émergence de l'irrationalité moderne) », *Cahiers du dix-septième : An Interdisciplinary Journal*, vol. VI,
n° 2, 1992, p. 79-86.

[7] Sur cette problématique, se reporter à GUY HOCQUENGHEM, *Le Désir
homosexuel*, Paris, Fayard, 2000.

À partir de ces considérations, la relation triadique au centre de *Bérénice* devient d'autant plus significative pour son interprétation invraisemblable que la vraisemblance dramatique (incontournable du point de vue du caractère « classique » de la pièce) n'en est pas fonctionnellement nécessaire. La tragédie, en effet (qui sur le modèle du titre de Corneille, *Tite et Bérénice*, pourrait être ironiquement, mais à point nommé, intitulée *Titus, Bérénice et Antiochus*), ne présente aucun indice de violence conflictuelle ni d'inimitié déclarée ou latente entre les deux « rivaux », et la réaction de la reine de Palestine à la réitération soudaine par le prince de Commagène de son amour pour elle est certes autoritaire, mais elle n'est point hostile.

La configuration agonistique de la pièce ne dépend donc pas d'une compétition quelconque entre l'empereur de Rome et son vassal préféré : en fait, ils ne s'opposent jamais pour la possession de Bérénice. Il n'y a non plus ni crainte terrible, ni dégoût furieux de la part de celle-ci à l'égard d'Antiochus, pas plus que le moindre assaut libidinal violent de sa part qui la mettrait en danger : point de rivalité amoureuse, point de harcèlement sexuel.

L'*agôn* réside plutôt dans la triangularité passionnelle elle-même, et, par voie de conséquence, gît en chacun de ses protagonistes. Certes Bérénice, à la scène 5 de l'acte II, parce qu'elle ne veut (ou ne peut) pas comprendre la décision de Titus, est, dans ce qui est assurément le résultat de son désespoir mais manifeste aussi une ruse objective de sa raison subjective (une transaction de la mauvaise foi), amenée à imaginer la jalousie de Titus (« Si Titus est jaloux, Titus est amoureux », acte II, sc. 5), mais elle réalise bientôt elle-même que ceci n'est point le cas, et, comme toute l'économie dramatique concourt à l'établir, que cela ne le sera jamais.

La triade de *Bérénice* tient évidemment tout entière à Antiochus. C'est bien pourquoi ce dernier est le plus souvent, d'une manière ou d'une autre, minimisé ou tout simplement éliminé par la critique, dans ce qui pourrait dès lors bien réfléchir, sur l'écran de la phobie, l'explicitation déviée, expulsée, exilée, dans l'ombre ainsi créée, d'un homotexte implicite qui, sans la projection d'une telle angoisse, apparaît au contraire d'une très grande *clarté*. Lucien Goldmann est ici un bon exemple, parmi d'innombrables autres, lorsqu'il déclare dans *Le Dieu caché* que le prince de Commagène n'a d'autre fonction dans la pièce que de souligner le contraste entre lui et les héros tragiques[8].

C'est tout le mérite de Christian Biet, dans *La Passion des larmes*[9], de reconnaître l'importance d'Antiochus et de lui attribuer un rôle de doublet, mais de Bérénice cette fois, avec qui il partagerait une incapacité « orientale » à comprendre la loi de Rome[10]. Cette dimension de « double doublet », si l'on ose dire, à la fois féminin et masculin, qui caractérise Antiochus, devrait d'ailleurs faire à elle seule le thème d'une étude détaillée, en ce qu'elle produit, pour paraphraser le titre d'un essai de Judith Butler[11], de très intéressants effets de *gender troubling*[12] qui ne sont pas sans conséquence sur la relation entretenue par le prince de Commagène avec l'empereur de Rome.

Si Christian Biet insiste judicieusement sur cette homologie psycho-culturelle des deux personnages, il omet cependant de tenir compte qu'Antiochus avait déjà rejoint (et fait allégeance à) Rome, lorsque, en compagnie de Titus, il conquiert la Palestine au nom de l'empereur, et – dans l'*interstice* d'un moment phantasmatique dont j'ai proposé ailleurs l'analyse[13] – Bérénice elle-même ; et qu'il a donc déjà été « romanisé », séparé

---

[8] Lucien Goldmann, *Le Dieu caché : étude sur la vision tragique dans les* Pensées *de Pascal et dans le théâtre de Racine*, Paris, Éditions Gallimard, 1956.

[9] Christian Biet, *Racine, ou la passion des larmes*, Paris, Hachette, 1996.

[10] Voir Pierre Ronzeaud, Patrick Dandrey, Alain Viala (éds.), *Les Tragédies romaines de Racine*, Paris, Klincksieck, 1996.

[11] Judith Butler, *Gender Trouble*, Londres et New York, Routledge, 1990.

[12] Voir Ralph Heyndels, « L'occasion unique de dégager nos sens : modernité, primitivisme et homotexte chez Rimbaud », dans *Rimbaud e la modernità*, à paraître.

de son propre Orient (lequel a été, de ce fait, avec, en et par lui, soumis à Rome, et donc à Titus).

Sa rencontre avec Bérénice, au moment même de la défaite de celle-ci, a donc été tout autant marquée par la similitude que par la dissemblance, et la combinatoire de cette solidarité et de cette dichotomie n'est pas sans conséquence dans l'orientation primale de leurs désirs à la fois réciproques et dissymétriques.

C'est Christian Biet encore qui nous rappelle que si Titus est le personnage dominant de la pièce (quatre cent quatre-vingt-seize vers pour seulement trois cent quatre-vingt-dix-sept à Bérénice), Antiochus (avec à peine cinquante vers de moins que la reine de Palestine) est, comme Titus, présent dans quatorze scènes sur vingt-neuf (Bérénice seulement dans onze). On devrait ajouter que c'est le prince de Commagène qui ouvre la tragédie, qu'il est face à Bérénice deux fois, qu'il est, comme celle-ci, quatre fois en scène avec Titus, et qu'il partage avec l'empereur et la reine la poignante et capitale scène ultime, dont il prononce aussi le fameux dernier mot – « hélas ! » –, anamnèse de la *communauté inavouable* et cependant inéluctable des désirs qui réunit les trois héros, prolepse pour l'éternité du caractère tragique de celle-ci, écho de l'homotexte implicite qui la traverse et la structure.

Il n'y a dès lors pas vraiment lieu de se demander pourquoi si souvent la critique tente de transformer cette triade en duo, tant la réponse à une telle question devient de fait autotélique à partir du moment même où elle est posée, c'est-à-dire précisément dans le sillage de l'homotexte.

Une telle « réduction » cependant ne procède pas – serait-ce dans l'ordre de l'inconscient et du « retour du refoulé » – d'une homophobie qui se manifesterait d'une manière péremptoire et par là surdéterminerait paradoxalement l'efficace de l'homotexte. Mais elle n'est pas non plus, intentionnellement ou non, subtile ou rusée en elle-même. Ce qui lui confère cette innocence au moins apparente relève en fait – comme l'étude de la préface de Racine va nous le montrer – d'une connivence structurale avec le primat historico-culturel de la vraisemblance.

Ce dernier, d'une certaine façon, l'exige, en tant qu'elle produit la *cohérence de surface* permettant à l'homotexte de demeurer implicite, et sauf lorsqu'il est, comme c'est le cas ici, saisi par l'effort (lui-même résultant du désir) herméneutique qui en quelque sorte lui *répond* – d'échapper de ce fait à l'invraisemblable contenu de vérité que la vraisemblance même vient, si l'on peut dire, « déposer » dans l'interprétation.

Examinons à cet égard la position de Bérénice dans la liste des *dramatis personœ* de la pièce. Malgré son statut éponyme, elle vient s'y placer *entre* Titus et Antiochus, comme c'est d'ailleurs aussi le cas de la mention du fils de Claudius dans *Britannicus*, encadrée par Néron et Agrippine – bien que dans cette pièce l'homotexte soit assurément moins *simple*, d'une part parce qu'un personnage socialement et dramatiquement secondaire (Narcisse) y joue un rôle essentiel, et, d'autre part, parce que, à la différence de ce qui se passe dans *Bérénice*, où ils se font concurrence, le politique et le libidinal s'y recouvrent et s'y complémentent.

C'est donc sa position médiane qui définit l'accession de la reine de Palestine au titre de la tragédie ; mais c'est aussi celle-ci qui en soustrait Titus, là où son apparition risquerait, sinon, bien entendu, d'entraîner *à la lettre* le nom d'Antiochus, du moins de dessiner dans le titre, en creux, par son absence même, l'espace blanc de sa nomination latente *complètement invraisemblable*, et dès lors d'y esquisser la trace de l'homotexte.

Il faut en fait être aveuglé par la vraisemblance, et donc aveugle à l'invraisemblable, pour ne pas voir l'évidence symbolique de cette distribution des personnages, d'autant plus qu'il s'agit de la seule pièce de Racine à n'avoir que trois protagonistes principaux.

Mais pour tenter de comprendre l'efficace anatreptique d'un tel aveuglement (dont le « procès » n'aurait pour effet que d'en renforcer la « validité » relative ou régionale, et n'aurait par ailleurs guère d'intérêt heuristique), on voudrait ici passer par l'analyse de la préface de Racine où peut sans doute se lire la scène originelle de celui-ci.

Antiochus, en effet, n'y est jamais mentionné, alors que l'adjonction du prince de Commagène (sinon le personnage historique lui-même) relève de l'*inventio* de l'auteur. Même si ce dernier a pu, pour des raisons liées à la valeur encore négative, à l'époque, de la notion d'« originalité », préférer garder sur celle-ci le silence, ce n'est évidemment pas – pour autant qu'une telle notion ait un sens – la « psychologie sociale », ni même la « théorie dramatique » de Racine, qui nous retient ici, mais bien plutôt le fonctionnement rhétorique de son discours.

L'absence d'Antiochus y indexe une matrice herméneutique autorisant, dans l'invraisemblable de l'interprétation, l'articulation de l'homotexte implicite à la fois sur le prétendu bien-fondé de la vraisemblance esthétique et sur l'impensable imaginaire (ainsi que l'intraitable) que la bienséance « morale » (et donc le pouvoir politique et le contrôle institutionnel) projette sur une « extériorité » en fait immanente – comme la folie, par exemple, commence à l'être par rapport à la raison[14].

Il se pourrait qu'à l'égard de la vraisemblance le rôle du prince de Commagène participe à ce point d'une simplicité tellement évidente qu'il soit superflu d'en faire état, et que la première et la seconde conjoncture ici esquissées se recoupent, voire se renforcent. Mais leur valeur supplétive devient par contre contradictoire dès que l'on se demande pourquoi Racine ne fait pas recours à la fonction d'Antiochus pour en revendiquer la participation au régime de la simplicité.

C'est que, sur l'axe de la vraisemblance, l'adjonction de ce personnage est en fait susceptible d'une interprétation de l'homotexte implicite d'autant moins fonctionnelle que son statut invraisemblable, loin de l'écarter de cette vraisemblance, l'en rend plus proche en ce qu'il déchire celle-ci du dedans, ou la retourne de façon immanente contre elle-même.

D'un tel invraisemblable, on va à présent définir brièvement le cadre, et ensuite, en guise de conclusion, esquisser quelques pistes de lecture. Titus, comme chacun sait, refuse

[13] Ralph Heyndels, « Triangular Destiny, Different Desires : *Homotextualizing Racine's Bérénice* », à paraître.

d'épouser Bérénice, ou plutôt y renonce au nom d'un refus qu'il prétend lui-même ; et c'est là tout. Mais ses justifications, du point de vue (« oriental », dirait Christian Biet) de Bérénice, sont douteuses, bien plus · infondées, bien qu'elle ne lui en trouve aucune autre.

Or la passion de la reine de Palestine est cependant loin d'être inefficace sur le plan argumentatif de la raison occidentale. Non seulement elle déconstruit systématiquement (à la scène 5 de l'acte II, et à la scène 5 de l'acte IV) l'agencement rhétorique et les techniques de persuasion réflexive (comme à la scène 2 de l'acte II, où Titus s'entretient avec Paulin), et par là déstabilise toute la posture politique ; mais encore elle n'en remplace les ruines logiques et psychologiques par rien, laissant donc finalement un Titus dévasté sur le rebord de l'impensable que l'homotexte implicite régule et où la mélancolie dépressive d'Antiochus le rejoint.

D'autre part, Bérénice rejette la passion du roi de Commagène, et compte tenu de son engagement envers Titus, cela peut sembler... *invraisemblable* ; et c'est là tout. Mais son attitude à l'égard d'Antiochus est ambivalente et essentiellement (à savoir, dramatiquement) ambivalente, puisque toujours elle le retient à Rome où elle l'a appelé, et affecte d'avoir oublié sa déclaration d'amour intiale – comme si l'on oubliait jamais une telle déclaration d'amour ! – au demeurant comme de tout lecteur ou spectateur.

Ce n'est point l'endogenèse de ce comportement, ni probablement le narcissisme qui en rend compte, qui nous importe ici. C'est l'énigme qui y pointe, la névrose d'abandon provoquée par Titus qui y accède à la psychose blanche, l'appel à l'aide qui s'y fait entendre, et toute l'ironie de la nécessité objective qui en désignant auprès d'elle la place d'Antiochus maintient celui-ci dans la co-présence de cet autre qui est pour lui *aussi* son empereur bien aimé.

Les déclinaisons d'une telle ironie « destinale » sont à la fois trop nombreuses et trop stratégiquement disposées dans la pièce pour relever de la coïncidence. Elles sont aussi trop convergentes pour ne pas rendre l'homotexte lumineux.

Que Titus *livre* littéralement à son rival qu'il *aime* « Tout ce qui de mon cœur fut l'unique désir » (acte III, sc. 1), qu'il lui recommande « ce dépôt précieux » qu'il *ne peut garder* (acte II, sc. 2) – et il faut ici tenir compte et de ce *dépôt* et de cette *impuissance* –, qu'il s'efforce désespérément d'inclure le roi de Commagène dans l'intimité même de sa relation avec Bérénice (acte III, sc. 1), puisque nous ne sommes assurément pas dans le registre de la comédie, il faut bien en accueillir une *valeur tragique différente*, voire divergente de celle qui marque la signification politique de la pièce, dans le champ de l'homotexte implicite.

D'autant plus que ce dernier nous présente dès les scènes 3 et 4 de l'acte I, ce qu'on pourrait nommer son *acmè glorieuse*, moment éphémère de l'instauration fondatrice où, dans la passion conjuguée des deux héros entre eux, et pour – ou à travers – Bérénice, ainsi que dans les renversements dialectiques de la signification du phallus – Antiochus victorieux, mais blessé ; Titus devant la victoire au risque de mort de son vassal privilégié –, la reine de Palestine passe quasi instantanément du prince de Commagène au futur empereur de Rome, et scelle leur amour partagé dans l'invraisemblable de son interprétation.

Mais cela, c'est une autre histoire – qui est aussi celle de l'interprétant.

TROISIÈME PARTIE

MARIE-FRANCE WAGNER
(Université Concordia)

ÉCRIRE LE ROI AU SEUIL DE L'ÂGE CLASSIQUE

Pouvoir et fiction des entrées royales.
De quelques fausses entrées

> Car vrai et faux sont des attributs de la parole,
> non des choses. Et là où la parole n'est pas, il
> n'y a ni vérité ni fausseté.
> THOMAS HOBBES, *Léviathan*, P. 1, chap. 4.

> Point de culte public sans cérémonies ; car
> qu'est-ce qu'un culte public, sinon une marque
> extérieure de la vénération que tous les ci-
> toyens portent au Dieu de la patrie, marque
> prescrite selon les temps et les lieux par celui
> qui gouverne ?
> DENIS DIDEROT, *Encyclopédie*, article « Hobbisme ».

La relation de l'entrée royale au XVIIᵉ siècle appartient à la littérature de reportage ou de témoignage [1]. C'est une œuvre de communication et de propagande en faveur du roi. Dans sa forme écrite, l'entrée royale confère une « publicité » à l'écriture du pouvoir, gardant en mémoire dans le récit les inter-relations entre des systèmes de représentation du pouvoir. Comme rien ne peut être illustre qui reste méconnu, il s'agit d'écrire le pouvoir du roi, le pouvoir absolutiste tel qu'il a été défini par Bodin, pour qui le concept de souveraineté réside dans l'unicité du principe d'ordre [2]. Plus tard, Hobbes énonce

---

[1] Cet article a été rendu possible grâce à une subvention du Conseil de recherches en sciences humaines du Canada (CRSH).
[2] JEAN BODIN, *Les Six Livres de la République*, Paris, Librairie générale de France, 1993, présentation générale par Gérard Mairet, p. 17. On lit : « Ainsi peut-on dire des trois états guidés par prudence, par force et tempé-

une conception de l'absolutisme similaire et l'exprime d'une manière radicale[3]. Ainsi, dans la sphère publico-politique se crée un espace qui rassemble en « une personne en dépôt » – le corps du souverain – les hommes et qui simultanément les sépare en établissant des relations de dominés à dominants. « Un monde s'intercale entre eux, et c'est dans cet espace intermédiaire que se jouent toutes les affaires humaines[4] ». Pour qu'elle soit efficace et performante, cette sphère doit être harmonieuse et bien structurée, stable et paisible ; tout désordre la perturbe, la menace, révèle la fragilité du corps politique désignée par cette bête géante, nommée Léviathan. Au principe d'unicité s'ajoute celui de l'intégralité.

Pourquoi écrit-on le pouvoir dans l'entrée royale ? Pour l'établir, le solidifier, le renforcer, le ramifier, le diffuser, le rendre mémorable, l'ancrer dans l'imaginaire de l'époque, c'est-à-dire le symboliser, car le pouvoir symbolique, selon Pierre Bourdieu : « passe par l'inculcation de structures mentales et suppose des sujets socialisés, c'est un pouvoir (économique, politique, culturel ou autre) qui a la capacité de se faire méconnaître dans sa vérité de pouvoir, de violence, d'arbitraire[5] ». Le symbolique

rance, et ces trois vertus morales accordées ensemble, et avec leur roi, c'est-à-dire la vertu intellectuelle et contemplative, s'établit une forme de République très belle et harmonieuse. Car tout ainsi que de l'unité dépend l'union de tous les nombres, et qui n'ont être ni puissance que d'elle, [de même] aussi un Prince souverain est nécessaire, de la puissance duquel dépendent tous les autres » (L. VI, chap. 6, p. 579).

[3] « [Le pouvoir commun] est une unité réelle de tous en une seule et même personne, réalisée par une convention de chacun avec chacun [...]. Cela fait, la multitude ainsi unie en une seule personne appelée RÉPUBLIQUE, en latin CIVITAS. [...] Cette personne en dépôt est appelé SOUVERAIN, et est dit avoir le *pouvoir souverain*. Tout autre individu est son SUJET » (2ème partie, chap. 17). Nos références sont tirées de l'édition électronique de THOMAS HOBBES (1651), *Léviathan : traité de la matière, de la forme et du pouvoir de la république ecclésiastique et civile*, Philippe Folliot (trad.). http://www.uqac.uquebec.ca/zone30/Classiques_des_sciences_sociales/index.html

[4] HANNAH ARENDT, *Qu'est-ce que la politique ?*, Paris, Éditions du Seuil (Points), 1995, p. 59.

[5] Voir PATRICK CHAMPAGNE et OLIVIER CHRISTIN, *Mouvements d'une pensée : Pierre Bourdieu*, Paris, Bordas, 2004, p. 230.

confère une puissance au pouvoir qui permet à celui ci d'arriver à ses fins. Cependant l'historiographie amoindrit l'expression du pouvoir, la voile en l'intégrant à une histoire, en l'englobant dans celle-ci. Cette histoire distille le récit toujours discutable des événements du passé, ici, les entrées du roi dans les villes. Le travail du chercheur constitue à comprendre et à reproduire la cohérence logique des événements qui se présentent à lui comme une série linéaire d'actions. Ce travail comporte une part de subjectivité, puisqu'il requiert le jugement qui ajoute au passé humain « comme obstacle constitutif l'idée d'une *altérité* ou différence *absolue*, affectant notre capacité de communication[6] ».

En revanche, dans cette représentation textuelle qui séduit et piège le lecteur, le récit acquiert un pouvoir dans ses effets, il transmet la mémoire de l'événement, celle que les puissants et les vainqueurs peuvent et veulent imposer dans les cérémonies grandioses des entrées royales et celle du relationniste ; le discours de ce récit établit la communication, fait la propagande et la publicité de cet événement politique. Il faut que les spectateurs/lecteurs adhèrent à ce pouvoir en le reconnaissant. Le pouvoir acquiert ainsi un dernier principe indispensable à son fonctionnement, celui de l'adhésion.

Certes, un récit qui reproduit l'événement déforme et reconstruit, c'est-à-dire agence un discours qui ne peut être de ce fait que fallacieux. L'entrée royale contient à la fois ce que le relationniste a vraiment vu (en général) et son interprétation au moyen d'additions et de soustractions, de modifications et de déformations. On prend le discours pour vrai, il est semblable au vrai, il se situe dans l'ordre du vraisemblable. Le vraisemblable est donc un lieu où la raison et l'imagination se rencontrent. Les effets d'authenticité, l'apparence du vrai, proviennent des descriptions d'une part, et d'autre part, de leur rassemblement dans un récit qui renferme dans sa logique révélatrice des formes de raisonnement et des structures de l'imaginaire du

---

[6] Paul Ricœur, *Temps et récit I*, Paris, Éditions du Seuil (Essais), 1983, 2ème partie, « L'histoire et le récit », chap. 1, p. 173-174.

temps. Ce qui nous intéresse dans cette analyse, c'est la frontière narrative entre le récit factuel et le récit fictionnel dans l'historiographie, le seuil entre le réel et la fiction, comme lieu incertain, lieu de passage, lieu rhétorique de persuasion. Ce serait en vertu de cet effet d'authenticité, capable de régler les tensions réelles et discursives du corps politique, mais aussi celles inhérentes à la mise en texte du cérémonial, que l'entrée royale, au tournant du XVIIᵉ siècle, acquiert une autonomie représentative. Elle se sépare alors de son référent, le corps réel du roi dans la ville, pour n'être plus qu'un simulacre, selon l'ordre politique et sacramental qui caractérise l'âge classique.

Notre étude se divise en trois parties. La première analyse le contenu de sens et la représentation de l'entrée royale à la fin du XVIᵉ et au début du XVIIᵉ siècle ; la seconde partie traite de la problématique reliée à l'énoncé du pouvoir, et la troisième de « l'invraisemblable vraisemblance » du discours du pouvoir dans cette œuvre circonstancielle de propagande politique. C'est dans cette dernière partie que nous analysons deux relations, l'entrée de Louis XIII à Angoulême datant de 1615 et celle d'Henri IV à Bourges en 1605. L'une est imprimée, l'autre manuscrite. Le statut textuel de ces relations motive l'ordre chronologique de notre analyse. L'imprimé comme procédé de diffusion confère une visibilité plus importante au texte, d'où découle un effet de sens. Dans l'ordre choisi, la première relation rassure; la seconde comble localement un manque. Ces deux entrées, en relatant de faux événements, des faits inventés, car ils n'ont jamais eu lieu, ne sont-elles pas des entrées fictives, c'est-à-dire de fausses entrées ? Ainsi, en 1615, le pouvoir royal réduit ce genre de récit, cet ensemble de signes à des fins propagandistes et, en 1605, le pouvoir municipal en fait un récit qui garde en mémoire un événement fictif. À la fin du XVIᵉ siècle, les détracteurs du pouvoir ont déjà mis à l'épreuve ce genre littéraire, ils continueront d'ailleurs à le faire[7].

---

[7] Nous pensons notamment à deux relations burlesques. La première, datant de 1582, est analysée par GUY POIRIER, « La description de la superbe et imaginaire entrée faicte à la Reyne Gijllette passant à Venise », dans Marie-

L'entrée royale : contenu de sens et représentation

L'entrée royale relate la visite du roi dans une ville qui le reçoit avec faste. Dans ses pratiques symboliques, la cérémonie de l'entrée allie à une longue tradition d'hospitalité, – la municipalité doit loger l'hôte prestigieux selon le droit de gîte médiéval –, celle religieuse de la procession de la Fête-Dieu et celle militaire qui imite, à la Renaissance, les triomphes des empereurs romains dans toutes leurs magnificences. Ainsi se rejoignent les points d'articulation des deux mondes, sacré et profane. Comme cérémonie et cérémonial, l'entrée entretient une relation symbiotique avec la monarchie dont elle est « un outil autant que l'expression[8] ». Le temps de la célébration, tout un ensemble cérémoniel inscrit l'événement dans un fragment de l'espace urbain. La rue et la place, et non pas toute la ville, sont investies des signes de l'autorité royale pour construire un monde imaginaire. Dans ces espaces privilégiés se dressent les théâtres vivants et s'érigent les architectures éphémères, arcs de triomphe, statues équestres, obélisques. Les pratiques rituelles, celles du mouvement du cortège, qui en déambulant traverse la ville, envahissent physiquement et symboliquement l'espace, comme d'ailleurs celles des arrêts aux stations, celles de la gestuelle, remise d'objets (le dais, les clefs) et discours ou adresses (harangues, *Te Deum*). Le cérémonial donne à voir, il est la monstration d'une construction symbolique qui représente l'harmonie et l'unité de la cité, investie par le pouvoir royal réel et idéal, car ses représentations contiennent les désirs et les fantasmes des notables, respon-

France Wagner et Claire Le Brun-Gouanvic (éds.), *Les Arts du spectacle dans la ville (1404-1721)*, Paris, H. Champion, 2001, p. 159-188. La seconde, *Entrée Magnifique de Bacchus avec Madame Dimanche grasse, sa femme, faicte en la Ville de Lyon, le 14 febvrier 1627*, est étudiée par YANN LIGNEREUX, « Un pouvoir de papier ? : les leçons de trois entrées lyonnaises, 1622, 1625, 1627 », dans *Les Jeux de l'échange : entrées solennelles et divertissements du XVᵉ au XVIIᵉ siècle*, Paris, H. Champion, à paraître en 2005.

[8] FANNY COSANDEY et ROBERT DESCIMON, *L'Absolutisme en France : histoire et historiographie*, Paris, Éditions du Seuil (Points Histoire), 2002, p. 6.

sables du programme de l'entrée. Ainsi, la symbolique monarchique s'affermit et se déploie dans la mouvance de ces rituels religieux, politiques et sociaux que le cérémonial fait bouger.

Ces pratiques symboliques mises en action offrent une riche combinatoire des systèmes identitaires, éthiques, moraux, économiques et, certes, politiques, car la totalité de la signifiance de l'entrée se construit dans le processus cérémoniel qui bouleverse l'ordre du quotidien urbain en un désordre momentané, lieu de tous les possibles. Ce lieu de passage révèle un mode de circulation, comme l'échange et la contamination. Dans l'espace de rupture, de discontinuité engendrée par le mécanisme du rituel s'établissent alors de nouvelles relations et de nouveaux enchaînements, qui se fusionnent à la fois dans l'ordre logique de la déduction et dans l'ordre ontologique de leur apparition successive ; c'est-à-dire à la fois dans la logique qui découvre la cohérence des faits historiques, leur relation de cause à effet, leur chronologie, et dans l'ordre ontologique qui met en série et en perspective, qui assemble et amalgame les faits selon leur insertion dans l'espace que l'imaginaire de la communauté locale propose et dispose. Il en résulte, d'une part, une dynamique qui rétablit un ordre nouveau le temps de l'événement festif, et d'autre part, un équilibre entre les multiples plis et replis du sens. Cet espace de rupture devient un lieu de braconnages, de discours « subversifs » qui permettent de faire, par exemple, des mises au point entre relationnistes[9], de régler des comptes entre bourgeois et nobles en dévoilant l'envers du décor[10].

---

[9] Voir notre article en collaboration avec Daniel Vaillancourt et Éric Méchoulan, « L'entrée dans Toulouse, ou la ville théâtralisée », *XVIIe Siècle*, n° 201, 1998, p. 613-637.

[10] Nous pouvons mentionner les mesures de sécurité prises à Lyon pour protéger le dais, donc interdire de « toucher au poële », comme le précise la relation des *Noces d'Henry IV et Entree de la Royne Marie de Medicis*, En la ville de Lyon le 3. décembre 1600. Nous faisons référence également aux bourgeois, qui, dans *La Voye de laict ou le Chemin des heros au palais de*

Cependant, il n'y a pas de dérèglement de sens car, dans son économie, le cérémonial fixe à chacun la place qui lui revient dans l'ordre politique. Cette mise en représentation variable et multiple est une forme fondamentale de l'action politique, elle révèle l'exemplarité de la puissance royale, qui prend tout son sens dans la notion topologique de la proximité, c'est-à-dire de la présence physique du roi. Proche du corps social sur lequel il étend son autorité, qui légitime le territoire (la cité est la synecdoque du royaume), le roi reçoit les honneurs de la ville et réitère les privilèges de celle-ci. L'entrée royale est un acte symbolique de pouvoir et de violence, qui s'installe dans la ville mobilisée par le discours et l'investit[11].

Le héros royal parcourt l'espace urbain, comme le relationniste ordonne son récit. Ce dernier décrit l'événement et le localise en fonction de l'histoire, de la tradition de la ville et d'une mise en scène. Dans l'ici du texte se construit la scène productrice du récit, lieu géographique (la ville), qui indique un au-delà du texte. Ce lieu réel ouvre un espace où doit se produire le sens, la représentation[12]. Cet espace littéraire en devenir se construit, s'anime, se peuple pour refléter et diffracter à la fois une image du roi, une image palimpseste du pouvoir royal réel et idéal. Dans cet ensemble narré mobilisé pour la visite du roi se trouve une puissance imaginative extraordinaire, qui, au gré des entrées, se répète dans le temps et s'étend dans l'espace. Elle se polarise après les Guerres de re-

---

Gloire (Avignon, 1622) d'Annibal Gelliot, se plaignent des nobles qui se sont emparés de leurs tapis exposés sur les façades des maisons. Ou, toujours dans la même relation, le rappel de l'infortune du vice-légat, « que la malice des rebelles au Roy avoit iniquement tramé contre luy […] il avoit esté prins sur les chemins contre tout droit mesmes de guerre, & à main armee menée prisonnier dedans Nîmes », dans notre livre en collaboration avec DANIEL VAILLANCOURT, *Le Roi dans la ville*, Paris, H. Champion (Sources classiques), 2001, p. 185-189.

[11] Voir DANIEL VAILLANCOURT, « La ville des entrées royales : entre transfiguration et défiguration », *XVIIe Siècle*, n° 212, 2001, p. 491-508.

[12] LOUIS MARIN, *Le Récit est un piège*, Paris, Les Éditions de Minuit, 1978.

ligion en des thématiques constructives et élogieuses ou, en revanche, destructrices et blâmables. Ces topiques antithétiques font voir ou aveuglent ; elles font comprendre ou dénigrent deux puissances : celle du roi qui est la bonne et celle du monstre qui est la mauvaise. Le monstre, l'hérétique, est l'autre du pouvoir royal. Cette monstruosité qui, à chaque apparition, est plus colossale, plus horrible, plus grotesque, dans sa monstruosité construite et dite (qui a le pouvoir d'exister), envers du pouvoir royal, n'a pas de voix, et donc pas de pouvoir. Ces procédés antinomiques éblouissent et pétrifient le spectateur/lecteur, soumis à cet asservissement symbolique total. Cependant, la distance symbolique entre la splendeur royale et la monstruosité est rendue pertinente, car elle « guérit les blessures infligées au tissu social [13] ».

L'insertion de discours moraux, éthiques, émotifs, sensationnels ou anecdotiques, amplifie et complexifie en quelque sorte l'épaisseur et la structure de l'espace littéraire. Toutes ces sollicitations, ces compilations forment des obstacles, des écrans à l'énoncé du pouvoir, qui se trouve en quelque sorte voilé, caché, noyé, donc éloigné. Ainsi, le récit de l'entrée, de chronique publicitaire qu'il était devient récit à portée morale et politique. L'immense parcours imaginaire que le lecteur devait traverser pour arriver par exemple à la Rome antique, à partir d'Avignon, de Toulouse ou de Lyon, « procurait à ceux qui l'empruntait une double satisfaction : celle d'atteindre un espace privilégié au sein duquel les dangers et les épreuves réservés aux humains prenaient une forme peu usuelle et, à sa manière, rassurante ; et celle, implicite, de se libérer de l'emprise de l'actualité [14] ».

À leur zénith sous Henri II, les entrées deviennent des livres écrits et signés par des auteurs reconnus, des poètes,

---

[13] Voir THOMAS PAVEL, « L'économie de l'imaginaire », dans *L'Univers de fiction*, Paris, Éditions du Seuil, 1988, p. 183.

[14] THOMAS PAVEL, *L'Art de l'éloignement : essai sur l'imagination classique*, Paris, Éditions Gallimard (Folio essais), 1996, p. 373.

donc en quelque sorte institutionnalisés[15]. Puis, les entrées perdent de leur éclat progressivement[16]. L'entrée de Louis XIII à Dijon, en 1629, est à cet effet significative. Dans le *topos* louangeur du premier arc de triomphe, les éléments invariants du rituel s'énoncent en une vingtaine de vers, gravés (ou peints) entre les colonnes sur une table :

> Grand Roy laisse à ce coup les pompes de ton Louvre
> Reçois les humbles vœux du peuple qui te suit
> Entre victorieux dans mon sein que je t'ouvre
> Dans ton Char triomphant que la gloire conduit.
> Reçois les clefs & vois dedans mon cœur l'image
> De ma fidelité qui y fait son séjour
> Que si pour ta grandeur trop simple est ton visage
> Il y aura des traicts pour plaire à ton amour.
> Poursuis & recognois grand Prince de ta gloire
> Les divins monuments fidèlement tracez
> Miracles de valeur que la foy de l'histoire
> Ne nous ose assurer dans les siècles passez.
> Prens plaisir & permets dans l'heur que je possède
> Que je referme icy tes actes glorieux
> Ainsi Juppin soufrit quand la main d'Archimède
> Rangea soubs un Crystal les monumens des Cieux[17].

Ce passage gravé illustre la perte de sens originel de l'entrée. Rien n'indique que la cérémonie a vraiment eu lieu dans

---

[15] Il n'est toutefois pas encore question du conflit idéologique où la place de l'écrivain compte. Voir ALAIN VIALA, *Naissance de l'écrivain : sociologie de la littérature à l'âge classique*, Paris, Les Éditions de Minuit, 1985.

[16] Il reste certes toutes les entrées du XVIIe siècle, dont le programme iconographique et musical est conçu par les jésuites, qui en sont également les énonciateurs érudits et prolifiques. La structure du savoir et de la pensée est encore compilatrice et comparative, volontiers ésotérique, symbolique et mystique dans les entrées jésuites. MARIE-MADELEINE FRAGONARD, « Changements, ruptures et sentiments de rupture : du XVIe au XVIIe siècle », *Littératures classiques*, « La périodisation de l'âge classique », n° 34, automne 1998, p. 205-216.

[17] *Dessein des arcs triomphaux érigez a l'honneur du Roy, a son entree en la Ville de Dijon, le dernier de janvier, mil six cens vingt-neuf*, Dijon, Imprimerie de la Veuve Claude Guyot, 1629, p. 5.

les rues. Cependant, on sait que le roi s'est déplacé à Dijon, le 31 janvier 1629, en plein hiver[18]. Dans cette relation, la manifestation sociale disparaît au profit d'un texte gravé, et l'événement cérémoniel se trouve happé par les lettres, les signes, la tablette, le livre, par le pouvoir qui s'écrit et se donne à lire.

La représentation du pouvoir qu'offrent l'entrée et son récit met en spectacle l'univers dont il est issu grâce à ses symboles, à ses rituels, à ses dramaturgies diverses, elle assure ainsi la permanence du pouvoir dans les effets des discours sémiotiques différents. Mais comment s'énonce le pouvoir, ce concept qui doit se construire, comment se fait-il voir dans le récit ? Quels procédés le relationniste a-t-il à sa disposition pour énoncer le pouvoir, pour donner corps à ce pouvoir ?

La problématique de l'énoncé du pouvoir

Le récit est une mise en forme des discours possibles, une construction, une architecture. Dans le récit, il y a une mise à distance qui permet de construire, de redire l'événement à travers une subjectivité, bien souvent plurielle, mais tue, anonyme. Dans cette écriture du pouvoir, ce récit qui remet l'événement dans le temps et le reconstruit dans l'espace, l'architecture tient une place privilégiée, comme monument éphémère et trace de l'action royale, dont la manifestation rend la mémoire visible. De plus, la narration du pouvoir entrecroise plusieurs histoires, légendaires et mythologiques, lignagères et factuelles, des histoires qui mélangent le réel de l'événement et l'imaginaire de la société. Dans cet espace littéraire se lisent les jeux d'échange entre la cour et la ville, d'interaction entre la monarchie et les institutions municipales, de mise en place de systèmes identitaires du roi et des corps de la ville. L'innovation et la tradition participent à la mise en spectacle

---

[18] Nous n'avons retrouvé aucune trace de cet événement dans les archives de Dijon.

du rapport du roi à la ville, dans une image royale narcissique propre à l'univers politique. Tous ces réseaux d'interdépendances sont donc essentiels pour que le pouvoir ne demeure pas une pure abstraction.

Cependant la représentation de l'homme de pouvoir, roi d'origine divine, est soumise à des exigences. Comment dire cet être unique entre tous si ce n'est dans les représentations hyperboliques qui énoncent et amplifient sa puissance, les tropes qui dévoilent et font voir ses vertus de bonté, de justice et de foi chrétienne ? La parure est une de ces hyperboles, car le somptuaire est indispensable pour marquer la solennité du rang. Les costumes servent à étaler la richesse, que les métaux précieux font rayonner. Ainsi, par exemple, à l'entrée d'Henri IV à Rouen en 1596, après avoir écouté les harangues le roi richement vêtu

> descendit du theatre ou salle Royale d'où il avoit le tout veü et en l'habit auquel il estoit, de satin gris blanc, monta sus un tresbeau cheval aussi gris blanc pommelé fort bien porté sur ses membres et, comme la figure icy representee le demonstre, tres richement enharnaché, ayant selle et harnois couverts de veloux cramoisi, chamarré autant plein que vuide d'un large passement d'or avec crespine et frange de fil d'or à l'entour, et aux extremitez dudict harnois [19].

La description de la parure du roi et celle de sa monture font ressortir les objets reliés au luxe, qui créent du sens politique [20]. Toute possession, fastueuse et prestigieuse, donne une

---

[19] *Discours de la joyeuse et triomphante entree de tres haut, tres puissant et tres magnanime prince Henry IIII de ce nom, tres chrestien roy de France et de Navarre, faicte en sa ville de Rouen, capitale de la province et duché de Normandie, le mercredy saiziéme jour d'octobre MDXCVI. Avec l'ordre et somptueuses magnificences d'icelle et les portraicts et figures de tous les spectacles et autres choses y representez*, Rouen, Raphael du Petit Val, libraire et imprimeur du roy, devant la grand'porte du palais, MDIC, avec privilege du roy, 1599, p. 30.

[20] Voir notre article en collaboration avec DANIEL VAILLANCOURT, « Repenser le champ politique du solennel : entrée royale et pouvoir », 2ème partie, *Bulletin d'histoire politique*, vol. XII, n° 3, 2004, p. 105-117.

extension de la personne qui règne par conséquent sur quelque chose de plus vaste et de plus noble, car la parure est une apparence faite pour l'autre : admiration et succès se dégagent de son éclat brillant[21].

Dans le discours officiel des entrées, le monde représenté est celui du pouvoir royal, cet objet donne ainsi un corps biologique, « une personne en dépôt » à un corps constitué, institutionnalisé. C'est ce que rappelle la formule apocryphe : « l'État, c'est moi », seule façon d'énoncer le pouvoir absolu. Dans cette équation, il y a identité entre l'État et le sujet royal. D'une part, l'État s'ancre dans la société « par une action pratique qui assure son double mouvement primordial : prélèvement des richesses et des hommes, maintien de l'ordre intérieur et extérieur[22] ». D'autre part, le roi joue son propre pouvoir dans « la place ou l'édifice où le corps de l'État se donne en représentation dans la représentation des actions de son prince[23] ». Ce pouvoir s'exerce sur un corps social encore parcellisé au XVIe siècle, mais qui, se soudant progressivement autour d'un sentiment national, devient général au XVIIe siècle[24].

On trouve dans le texte de l'entrée l'énonciation de la structure du pouvoir royal en mutation. En effet, sous les règnes de François 1er, d'Henri II et, en partie, de Charles IX, l'unité de l'État tenait « en partie à la solidité d'une foi unique, confondue avec l'unicité du pouvoir royal[25] ». Cependant, la progression de l'absolutisme connaît des crises politiques et identitaires, lors des Guerres de religion. La crise de

---

[21] GEORG SIMMEL, *Secret et sociétés secrètes*, Paris, Circé/poche, 1996, p. 60.

[22] MICHÈLE FOGEL, *Les Cérémonies de l'information dans la France du XVIe au XVIIIe siècle*, Paris, Fayard, 1989, p. 16.

[23] LOUIS MARIN, *op. cit.*, p. 113.

[24] Voir l'analyse de ROBERT MUCHEMBLED, *Culture populaire et culture des élites dans la France moderne (XVe-XVIIIe siècles)*, Paris, Champs/Flammarion, 1978, p. 226-228.

[25] JOËL CORNETTE, *Histoire de la France : l'affirmation de l'État absolu 1515-1652*, Paris, Hachette (Supérieur), 1993, p. 84.

conscience redéfinit une nouvelle « mondialisation[26] », une conception globalisante avant la lettre de la machinerie sociopolitique, un ordre cosmique hiérarchisé, qui se répercute sur la cérémonie d'entrée, unifiée autour de la figure royale. Le récit de l'entrée se développe comme la force du pouvoir en une série de rapports politiques, économiques, moraux et éthiques, dosés pour être vraisemblables. Ce discours du pouvoir institue la force de ce pouvoir comme bonne et juste.

Pour s'exercer, pour exprimer sa grandeur et sa magnificence, le pouvoir s'expose dans la représentation de ses signes iconiques et scripturaux. La force du pouvoir est sa performativité, pour qu'il puisse persuader et convaincre, unifier et intégrer. Ainsi, la force doit se déguiser sous des allégories légendaires ou mythologiques, demi-dieux réservés à ceux qui exercent le pouvoir, elle doit se traduire en d'autres signes, se transcoder, comme se graver, se peindre, se jouer. La force a besoin d'apparaître pour exister, pour frapper l'esprit et, en retour, paraître dans l'esprit, se représenter en une construction mentale, entrer dans l'imaginaire et, ainsi, faire partie de la culture. De plus, les vestiges archéologiques de la mémoire, individuelle, collective et historique, se projettent selon un agencement tel que l'image atteint un degré d'abstraction de plus en plus poussé. Elle se charge et se surcharge, elle se sature de sens. Elle s'éloigne par conséquent, devient insaisissable, hermétique. À force de se répéter hyperboliquement, c'est-à-dire en se surpassant chaque fois, le discours du pouvoir se brouille, se noie, se fige dans l'encomiastique.

Pour que le pouvoir soit fort, le rapport de forces établi doit être stable, car toute menace déséquilibrant cet ensemble le fragilise ou le met même en péril. Dans son contenu de sens et dans sa forme narrative, le récit aplanit les tensions, les maîtrise, les tient en équilibre ; voilà tout le secret de

---

[26] C'est au moment des Guerres de religion qu'émergera l'État moderne, selon les historiens modernistes. Voir FANNY COSANDEY, *La Reine de France : symbole et pouvoir*, Paris, Éditions Gallimard (Bibliothèque des Histoires), 2000, p. 260, n. 1.

l'exercice du pouvoir qui consiste à manipuler sans heurts les rouages du cérémonial de l'entrée, à célébrer les victoires des troupes royales, pour s'affermir dans le triomphe et pour éradiquer les sources des difficultés du maintien de l'ordre social, afin de créer un lieu de stabilité, confirmant la position du roi. Ce lieu de stabilité s'inscrit dans la publication cérémonielle, car il s'agit de trouver sous Henri IV, « d'autres moyens que les armes pour marquer la possession progressive du territoire[27] ». Cette publication officielle d'information et de propagande va révéler, d'une part, une continuité et une homogénéité des procédés narratifs, mais aussi, d'autre part, de nouveaux agencements dans ces procédés mêmes.

Certaines modalités de l'énonciation sont impliquées, par exemple la description selon un code de dépendance déterminé, qui cumule procédés discursifs comme l'identification, la construction objective et subjective du monde, et procédés linguistiques comme l'attribution, l'articulation, la désignation et la dérivation, ainsi que les procédés de composition qui permettent d'informer, de raconter et d'expliquer[28]. Toute cette possibilité descriptive s'articule sur l'axe de la narration qui est l'instance productive, elle n'en dérive pas. La chose montrée dans les unités descriptives renforce la motivation réaliste. L'axe du descriptif force celui du narratif, ainsi, des tensions règnent sur la ligne de déambulation, de démarcation de ces deux modalités qui, dans leur cumul, révèlent le principe de vraisemblance. Ces deux systèmes d'énonciation sont le support du récit de l'entrée, ils ont ainsi une fonction pratique, mais ils sont d'abord et avant tout les signes de la présence royale, c'est-à-dire qu'ils ont une fonction symbolique que la vraisemblance légitime. C'est donc en quelque sorte l'effet sémiotique description/narration qui vient résoudre en partie la problématique de l'énoncé du pouvoir. Ces transformations narratives paraissent dans les nombreuses relations jésuites.

---

[27] MICHÈLE FOGEL, *op. cit.*, p. 187.
[28] Voir PATRICK CHARAUDEAU, *Grammaire du sens et de l'expression*, Paris, Hachette, 1992, essentiellement « Le mode d'organisation descriptif », p. 666-707.

De quelques fausses entrées

Une fois écrit, le récit de l'entrée a pris une forme objective, qui a une existence fondamentalement intemporelle. La forme de l'entrée donne l'objectivation du contenu (énoncé de l'entrée), la subjectivation relève du sujet écrivant (relationniste). Il s'agit donc de promulguer une information qui soit la plus plausible possible, celle qui ne devrait permettre aucune interprétation différente, celle qui observe les règles de la *doxa* de l'époque. Ainsi, cette relation est une manière d'affirmer l'entrée dans son immédiateté (diffuser la propagande du pouvoir), son utilité (faire adhérer le plus grand nombre possible) et sa nécessité (montrer que le roi est l'unique représentant du pouvoir). Le vrai n'est pas quelque chose d'isolé, ses racines vont plus loin que ce qui est simplement visible. En effet, le succès de ce genre d'écrit historiographique réside en l'observance des coutumes, des traditions, des codes, des formules, des rites. Le rituel est fondamental, il établit le lien social et reproduit la hiérarchie et, de ce fait, élimine le principe du hasard. Le secret du rituel en fait sa durée. Il puise sa force dans sa structure répétitive qui établit la continuité, et sa symbolique lie la communauté, ce que montre l'entrée de Louis XIII à Angoulême et celle d'Henri IV à Bourges.

Nous avons choisi deux entrées royales du début du XVIIe siècle, car nous pensons que c'est au tournant de ce siècle que l'entrée devient une œuvre de propagande institutionnalisée, pour délaisser définitivement le champ des fêtes de cour. Le corps royal en qui s'incarne le pouvoir ne doit pas demeurer en contact avec la mort, le silence, en revanche, il doit se manifester et se dire, il doit se faire entendre, se faire voir ou se re-présenter. Voilà le problème soulevé dans l'entrée de Louis XIII à Angoulême, en 1615.

La ville d'Angoulême observe une tradition d'entrées ; on peut mentionner, entre autres, celle de François 1er le 30 mai 1526, celle de la reine Éléonore et des enfants de France le 22 juillet 1530, ainsi que celle de Philippe de Voluire, gouverneur d'Angoumois, le 12 novembre 1573. Louis XIII se rend

à Bordeaux, en octobre 1615, pour célébrer son mariage avec
Anne d'Autriche. Le jeune monarque est accompagné de sa
sœur Élisabeth de France, s'exilant en Espagne pour s'unir
avec l'infant. D'après de nombreux témoignages, on sait que
la Cour ne quitte Bordeaux que le 17 décembre. On lit dans le
Cérémonial françois : « Le jeudy 17. Decembre audit an
1615. le Roy, la Reyne & toute la Cour partirent de Bourdeaux & allerent coucher en une Ville appelée Créon à quatre
lieuës de Bourdeaux avec grande incommodité, à cause des
bouës & rigueur de l'Hyver qui faisoit là ses effets[29] ». Dans
ce retour à Paris, « les troupes qui protégeaient la marche de
la Cour souffrirent continuellement de pluies glaciales, de
neiges abondantes, de gelées rigoureuses[30] ». Il n'est pas
question des rigueurs de l'hiver dans cette arrivée à Angoulême, dont voici un extrait.

> Estant sa Majesté partie de la Ville de Bordeaux, le Mercredy
> neufiesme du present mois de Decembre, en la Compagnie de
> plus de deux mille chevaux, & plus de six mille hommes de
> pied, tous gens de guerre, encouragez & désireux de bien fai-
> re, ou mourir en rendant tout service au Roy, ayant esté asseu-
> ré des passages, & des villes situées sur le grand chemin du-
> dict Bordeaux à Angoulesme, par l'entremise de la Cavalerie,
> & autres gens de pied, conduits par Monsieur le Marquis de la
> Valette, & autres chefs, de merite & d'importance, envoyez
> devant, & mises en gardes & deffences, tant es villes qu'en
> bourgs, Chasteaux, & villages, apres avoir cheminé quatre
> jours en toute asseurance & liberté, sans avoir trouvé aucun
> empeschement sur le chemin, n'y as costé d'iceluy, finalement
> Dimanche dernier passé 13. jour du présent mois, le Roy est
> arrivé en sa ville d'Angoulesme, & avec luy la Royne de

[29] *Entrées solennelles dans la ville d'Angoulême, depuis François Ier jusqu'à Louis XIV*, recueillies et publiées avec de nombreux éclaircissements par
J.-F. Eusèbe Castaigne, bibliothécaire de la ville d'Angoulême, Angoulême,
Impr. J. Lefraise et c^{ie}, 1856. Eusèbe Castaigne donne cette information, tirée
du *Cérémonial françois*, t. 1, p. 977.
[30] Extrait de *L'Arrivée du Roy en sa ville d'Angoulesme, le Dimanche 13
decembre. Avec le nombre des Chefs, & gens de guerre, qui conduisent sa
Majesté*, 1615. C'est un petit in-8° de huit pages numérotées.

France son Espouse, en suite de six mille hommes. La Royne mere y arriva le jour precedent, sçavoir le Samedy 12. environ sur les trois heures de relevé [dans l'après-midi], avec une belle assistance de Princesses, grandes Dames, Seigneurs, & plusieurs autres officiers de la Couronne, Messieurs du Conseil y arrivent quant & quant le Roy [...].

La vraisemblance de ce discours est exaltée par la restitution du cadre spatio-temporel. L'inscription de la date exacte, du mois et du jour (le mercredi 9 décembre pour le départ, le dimanche 13 pour l'arrivée du roi, ou le samedi 12 pour celle de la reine), de l'heure précise (à trois heures de l'après-midi) donne la validité à l'événement que l'on peut identifier au réel. La durée de quatre jours pour parcourir le trajet de Bordeaux à Angoulême, qui s'est fait sans encombre en compagnie de nombreux soldats, prêts à sacrifier leur vie pour le roi, en assurant sa sécurité et celle de sa cour, participe du même effet. La quantification des troupes (six mille hommes de pied, puis encore six mille hommes), des chevaux de la cavalerie (deux mille) ne fait qu'ajouter du réel à cette description, comme le fait d'ailleurs la nomination d'un officier, Monsieur le Marquis de la Valette, commandant des troupes à cheval et de l'infanterie. Le style du discours, dont les marqueurs de l'énonciation événementielle, comme « dimanche dernier passé 13. jour » et « le jour précédent », ajoute de la crédibilité au récit. Ces lieux rhétoriques conditionnent des espaces que les militaires et la cour déploient à la mesure de leurs mouvements. Sous cet angle, ce texte met en valeur l'ensemble des stratégies de déplacement, qui ne révèlent aucun obstacle : « en toute assurance & liberté, sans avoir trouvé aucun empeschement sur le chemin ». Ces mouvements se font dans un lieu à distance, Angoulême. Le récit est le postulat d'un itinéraire possible, qui précipite dans l'imaginaire, par anticipation ou par mémoire dans un lieu réel, la cité angoumoise.

Dans cette pièce volante de huit pages tout paraît vrai scientifiquement. Pourtant, les chemins en hiver sont rarement praticables à cause du mauvais temps et des troupes de mécontents qui les envahissent. Les autorités parlementaires (car l'autorité en général fait référence au parlement en l'absence du monarque) – essentiellement le parlement de Paris – sont inquiètes de ne pas avoir de nouvelles de leur roi. On préfère donc donner une fausse bonne nouvelle rassurante, vraisemblable, dans laquelle l'efficace des informations et des leçons à tirer a la capacité de persuader. La nomination du marquis devient une dé-nomination de personne, c'est-à-dire un dé-tournement, une dé-localisation et un retournement dans un lieu rhétorique. Bref, tout est vraisemblable dans cette pièce sauf l'événement même. En effet, selon les historiens, Louis XIII s'était rendu à Bordeaux en octobre 1615 pour célébrer son mariage avec Anne d'Autriche. Accompagné de la cour, il ne quitta Bordeaux que le 17 décembre pour retourner à Paris.

Mais pour des raisons politiques, tout est permis. Le pouvoir s'empare du discours pour effacer toute incertitude, pour combler l'absence, pour balayer le silence qui est une menace pour le pouvoir en place, bref pour le conserver ; le silence est le lieu même de l'émergence des rumeurs et de leur dissémination. Le silence est un temps de rupture, de suspens dramatique, par les incertitudes et les craintes qu'il fait naître.

Ce récit signale l'éphémère de l'événement, qui crée son espace ponctuel, donne une dimension réelle à l'événement qui n'a pas eu lieu. L'élément qui est faux, mais vraisemblable dans son énoncé, c'est le fait que le roi soit allé à Angoulême à cette date-là. C'est le pouvoir de ce récit dans son effet qui est vrai. « Le faux n'est rien d'autre que ce qu'il montre dans l'instant[31] ». Pour que le faux soit vraisemblable, on compte sur la discrétion, sur la confiance de ceux qui l'ont lancé. Il n'est d'ailleurs faux que parce qu'on l'a pris pour vrai, en 1615. Ce faux doit rester secret, car c'est une force qui aplanit une question de distance, qui supplée à cette distance en établissant, en disant une proximité, celle de la personne royale. Cette présence émergeant de la narration, cette feinte discursive fait taire l'incertitude et désamorce les troubles potentiels.

---

[31] GEORG SIMMEL, *op. cit.*, p. 58.

La subjectivité du locuteur est liée au discours ; elle suppose le dialogue, elle est introduite pour agir et convaincre, non pas uniquement pour informer. Le récit raconte qu'il dissimule par sa représentation l'absence du roi, donc l'absence du représentant du pouvoir. Il s'agit ici de voiler le silence et de feindre de savoir la vérité. Cette procédure littéraire, ce faire-semblant, comble une absence, une lacune en construisant une vraisemblance. Dans le parcours de la lecture de ce document, les faits n'ont nullement besoin d'être vrais ou faux, il suffit que leur vraisemblance fasse croire à leur vérité. L'exactitude de la transcription, ou son inexactitude ne compromettent pas l'ensemble.

Le lecteur de l'époque, à qui cette pièce s'adresse, se trouve à lire une histoire inventée, fabriquée. L'événement conditionne l'organisation du récit. En adoptant l'ordre du récit, cette pièce réduit la distance. Par son objectivation, l'écriture de l'existence royale donne une dimension réelle à l'événement, qui n'a jamais eu lieu. Ainsi, la proximité du roi est dite ; elle sort de son silence et se manifeste dans son désir d'avoir une existence comme sujet royal. Dans cette pièce, il s'agit donc de faire le lien entre l'événement et la circulation de celui-ci, c'est-à-dire de faire adhérer à l'information. Cette œuvre de propagande a pour objectif d'affirmer la légitimation immédiate. Elle fabrique artificiellement de l'événement, un déplacement royal ; dans sa circulation, elle travaille à se fabriquer elle-même comme événement. On ne retiendra que le moment historique auquel le discours de la pièce a donné lieu. D'où la nécessité de vérifier la véracité des documents relatifs aux entrées, car vraisemblables, ils le sont certes. Ils ont leur propre réalité, celle de leur texte, mais ils véhiculent une fausse information. Serait-ce une forme de désinformation avant la lettre ?

La seconde entrée étudiée est celle d'Henri IV à Bourges. Cette entrée manuscrite n'a pas la même envergure que l'entrée précédente. Comme pour Angoulême, Bourges observe une tradition d'entrées royales. Louis XII et Anne de Bretagne

y sont entrés le 2 avril 1506[32]. La femme de lettres Marguerite d'Angoulême, duchesse de Berry, sœur de François Ier et
épouse du duc d'Alençon, y est entrée en compagnie de sa
mère Louise de Savoie, le 23 juillet 1524[33]. À plusieurs reprises, on annonce l'arrivée d'Henri IV à Bourges, en 1599,
mais la réception n'a pas eu lieu ; puis, en mai 1602, mais
l'entrée est à nouveau annulée, comme elle le sera d'ailleurs
en 1605. Pour la première occasion ratée, les habitants font
don de « cent muids d'avenne et autant de froment », ainsi
que de cent moutons bien gras, représentant *la plus
grand'manne* du pays ; la ville s'approprie les moutons. En
1605, « des arcs de triomphe furent dressés, des peintures
commandées ». C'est que le roi est mécontent « du peu d'em-
pressement qu'on lui avait montré à lui accorder un subside,
réclamé à l'occasion de son mariage avec Marie de Médicis[34] ». De plus, selon les sources d'historiens, on sait que le
roi se déplace en Touraine, il passe à Blois le 2 octobre, à
Tours les 4 et 5 octobre, à Sainte-Maure (Sainte-Maure de
Touraine aujourd'hui) le 8 octobre, à Châtellerault le 9 octobre. Les moyens de communication de l'époque ne permettent pas de couvrir la distance qui sépare Bourges des autres
villes en aussi peu de temps. Il reste une relation manuscrite
de cette « faillie » entrée, de quelque neuf feuillets, dans les
archives municipales du Cher à Bourges, dont voici un extrait.

> Pour l'entrée attendue de Sa Majesté en sa ville de Bourges
> en octobre 1605
> (1) Premierement, au faux bourg de la Porte d'Aurron, proche
> la chappelle Sainct-Jean, sera dressé un theatre ou Sa Majesté
> se reposera et recevra les harengues de tous les corps. Au por-

---

[32] Voir l'article en deux parties de JEAN JENNY, « L'entrée du roi Louis
XII danş sa bonne ville de Bourges (1506) », *Bulletin d'information du dé-
partement du Cher*, n° 113, 1974, p. 39-41 et n° 114, 1974, p. 34-36.

[33] Voir l'article de FRANÇOISE MICHAUD-FREJAVILLE, dans *Cahiers d'archéologie et d'histoire du Berry*, n° 96, mars 1989, p. 7-10.

[34] Toutes ces informations sur les entrées d'Henri IV sont tirées de La
Thaumassière, *Histoire du Berry*, Bourges, 1934, t. X, p. 224-225.

tail de la ville sera mis le grand escusson de France et Navarre ou y a pour devise *Spes monstras sed fama dabit*, lequel escusson sera enrichy de festons[35].

En la rue d'Aurron, pres la Teste Noire, un portail aux faces du devant duquel sera d'un costé la figure du roy armé a l'antique, une espée avec ceste devise au hault : *Disce puer virtutem ex [me]* et de l'autre costé, la figure de la royne[36] qui prenant la main de monsieur le dauphin[37], la lui mectra sur une are ou autel avec ceste devise : *Sanctumque timorem*.

(2) Et au hault du portail sera depeinct mondict sieur le dauphin en mesme habict tenant de sa main droicte l'espée et ayant la gaulche sur l'are ou autel au dessus dequel sera depeinct un ciel et prez dudict sieur daulphin un globe terrestre ou mappemonde soubz l'espée, avec ces motz : *Scilicet his facile est terram cœloque potiri*. Au dedant dudict portail et d'un costé sera depeinct une mer au milieu de laquelle sera la France conduicte revestue d'habitz semez de fleur de lys en un char de deesse tiré par des daulphins sur l'un desquelz sera debout monsieur la daulphin qui d'une main tiendra les resnes des daulphins et de l'autre une verge semée de fleur de lys avec laquelle il fera geste d'appaiser l'orage et y aura ceste devise : *Hoc dextro Gallia sulcat pluno*.

(3) De l'autre costé sera depeinct un beau temple enrichy de ses collones de porphyre, jaspe et autres marbre a l'antique avec ses prospectives. A la face duquel temple sera un beau portail a la choronthienne ionique ou dorienne, au jugement du peintre, sur lequel sera posée la figure du dieu [Janus[38]] a triple

---

[35] « Les devises sous leur forme complète, sont des figures accompagnées d'une courte sentence qui en explique le sens ; elles peuvent désigner des personnes, des villes, des corps, des ordres de chevalerie ». « Devises », dans Arlette Jouanna et *al.*, *La France de la Renaissance : histoire et dictionnaire*, Paris, Robert Laffont, 2001, p. 760-761.

[36] Il s'agit de Marie de Médicis (1573-1642), fille du grand-duc de Toscane, François Ier de Médicis (1541-1587) et de l'archiduchesse Jeanne d'Autriche (1548-1542), et sœur de l'empereur Maximilien II. Elle épousa Henri IV en 1600.

[37] Il s'agit de Louis XIII, roi de France et de Navarre (1610-1643).

[38] Dieu romain des Entrées et des Portes qui symbolisait le commencement. Ce dieu était généralement représenté par « une tête à double visage, regardant dans des directions opposées ». Margaret C. Howatson, *Dictionnaire de l'Antiquité : mythologie, littérature, civilisation*, Paris, Robert Laffont, 1993, p. 543-544.

face en la frize duquel portail sera escripz *Claudum mea tempora janum*. A costé duquel temple sera depeincte la France richement parée en une chaire acoudée sur l'ung de ses bras et dormante et viz a viz d'elle monsieur la daulphin aussy en une chaire qui d'une main tiendra la clef de ce temple fermé et de l'autre une branche d'Olivier panchante vers elle autour de laquelle branche seront ces motz : *Tempestate quiesce composita*. Au revers du portail et sur le hault sera posée l'H d'or couronnée sousTENUE par un berger et bergere avec ceste devise : *Nostro sit olim dignati nomine reges*. Au bas des deux costez, deux grandes armoiries de la ville ou sont peinctes deux chiens bergers qui auront pour devise d'une part *Creditum ut observetur ovile*, de l'autre part, *Gregis vigilantis custos*. A la Porte Ornoise seront sur un theatre les chantres de la Saincte-Chappelle. Au coing de Sainct-Pierre le Guillard[39] seront aussy quantité de jeunes enfans qui criront vive le roy. A la rue des Arenes, pres de la place des soeurs Saincte-Claire, sera posé le grand portail au hault duquel sera ceste inscription en grandes lettres [...].

Le temps de ce récit, le futur, indique une réalité à venir, mais qui n'a pas eu lieu. Le cadre spatial est la ville de Bourges, que la topographie construit des portes de la ville (Porte d'Aurron, porte Ornoise), aux rues (rue d'Aurron, rue des Arenes), aux églises (Saint-Pierre-le-Guillard) et aux places (place des sœurs Saincte-Claire). Dans ces lieux, à l'extérieur de la ville, se trouvent les chantres de la chapelle Saint-Jean, près du théâtre des harangues. À la porte d'Ornoise, ce sont ceux de la Sainte-Chapelle qui se manifestent, et enfin, au coin de Saint-Pierre-le-Guillard, une quantité de jeunes crient « vive le roy ». Cette description « en langage, en visant objets et êtres dans leur simultanéité, et proxènes et événements comme spectacles ou des tableaux, semble suspendre le temps et étaler le récit dans l'espace[40] ».

La première architecture décrite en détail est celle du portail où, d'un côté, est représenté le roi armé à l'antique et, de

---

[39] Il s'agit de l'église Saint-Pierre-le-Guillard.

[40] Louis Marin, *De La Description*, Paris, Éditions Gallimard/Éditions du Seuil, 1994, p. 85.

l'autre, la reine guidant la main du dauphin vers l'autel. En haut de cette architecture réapparaît le jeune prince, portant le même habit, la main gauche posée sur l'autel et la droite tenant une épée. Au dessus de celui-ci est peint un ciel et, à côté de l'épée, une mappemonde. À l'intérieur du portail, une allégorie de la France, vêtue d'une robe fleurdelysée. Assise dans un char tiré par des dauphins, elle tient d'une main les rênes et, de l'autre, elle essaie d'apaiser l'orage avec « une verge semée de fleurs de lys ». L'allégorie est transparente. La ville désire ardemment la paix. Ce motif sera renforcé dans l'architecture suivante, le temple peint de Janus, dont les portes fermées sont signes de paix, confirmé également par le rameau d'olivier. Le discours moral se lit dans la représentation des quatre vertus cardinales, le courage, la justice, la prudence et la tempérance, dans les devises latines, les inscriptions italiennes et même grecques. Tous les *topoï* signifiants se trouvent dans cette entrée : César, Hercule, etc.

* * *

Nous venons d'analyser deux fausses entrées qui, dans leurs modalités, diffèrent quelque peu du modèle énoncé, car ces entrées sont de petites pièces de quelques pages. La première insiste davantage sur la suite royale et les troupes qui accompagnent celle-ci, c'est-à-dire sur la sécurité déployée lors du déplacement. Ce texte doit rassurer. La seconde se borne à décrire les architectures construites pour l'entrée, les allégories et leurs sens. Ce genre de texte très court foisonnera au moment de la Fronde. Dans cette étude, nous avons posé les premiers jalons d'un travail plus ample qui portera non seulement sur le système de représentation du pouvoir qu'incarne le corps royal, mais également sur les transformations narratives du modèle des relations d'entrée et, plus largement, des spectacles politiques dans la première moitié du XVIIe siècle.

Dans sa répétition, dans ses usages, par son poids politique, le cérémonial de l'entrée construit dans le temps une trame permanente, solide, celle des actions du roi. L'intérêt de cet ensemble cérémoniel est d'exclure le principe du hasard et, avec lui, les interprétations divergentes. L'entrée est un art de dire le pouvoir, dont le paramètre le plus probant est son énoncé formel qui est d'une grande commodité. Le poids politique du cérémonial, les jeux d'écriture révèlent les enjeux du pouvoir.

L'entrée est donc bien un répertoire (un genre), qui façonne et exemplifie une conception idéale du roi. L'entrée royale devient un modèle au sens épistémologique du mot, ce qui est mis à la place de ce qui se substitue à quelque chose ou à quelqu'un. C'est donc bien une représentation du roi absent. Un discours sur le roi qui se fonde et s'articule dans un texte où l'on retrouve les topiques dans lesquels les auteurs puisent. L'entrée royale institue la représentation du pouvoir dans un ordre propre et emprisonne le roi dans une image. Elle rejoint de la sorte les *Triomphes de Louis le Juste*, les *Palmes du Juste*[41], les galeries de peinture, les œuvres d'art. Alors, les signes remplacent le personnage réel, la notion de proximité s'efface. L'entrée royale entre dans le champ du littéraire, les notions du vrai et du faux s'estompent par conséquent au profit de celle de la vraisemblance. L'entrée royale est devenue un « portrait du roi », au sens que lui donnait Louis Marin, c'est-à-dire une « présentation » du pouvoir qui non seulement peut se dispenser d'un référent, mais constitue un véritable simulacre de la personne de roi.

---

[41] Nous pouvons citer, entre autres, JEAN VALDOR, *Les Triomphes de Louis le Juste*, Paris, Imprimerie royale, 1649 ; voir la fine lecture qu'en fait DOMINIQUE MONCOND'HUY, « *Les Triomphes de Louis le Juste* (1649) : mausolée littéraire et continuité monarchique », dans *La Licorne*, « Le Tombeau poétique en France », Poitiers, n° 29, 1994, p. 193-215 ; ou bien PIERRE LE MOYNE, *Triomphes de Louys le Juste*, Reims, N. Constant, 1629 ; ou encore, LE HAYER DU PERRON, *Les Palmes du Juste, poème historique divisé en neuf livres*, Paris, T. Quinet, 1635 ; ou enfin d'ÉTIENNE MOLINIER, *Les Politiques chrestiennes, ou le Tableau des Vertus Politiques considéré en l'Estat Chrestien*, Paris, M. Collet, 1621.

DANIEL VAILLANCOURT
(University of Western Ontario)

POUVOIR, POLICE, RÉCIT

Sur *Clélie* de Madeleine de Scudéry
et *Le Roman bourgeois* d'Antoine Furetière

Vraisemblance, invraisemblance, pouvoir. À cette équation déjà compliquée, on rajoute un nouveau terme, soit celui de « police ». Police des villes, police du récit, police des caractères viennent s'agglomérer sur les places publiques, sur les pages étales et les tableaux narratifs. Dans le cadre de cet article, on proposera une lecture croisée entre la question de la police, des formes urbaines et celle de la gestion du récit. On présupposera que l'avènement d'une certaine police de soi, qui conjugue politesse, *polis* et politique, ainsi que la « rénovation » de l'organisation urbaine de la capitale, font effet sur les univers fictionnels, les travaux, parfois laborieux, du récit, la théâtralisation de l'individu dans l'espace social. On prendra alors en compte la définition de la notion de police, l'horizon créé par les formes et les formalités urbaines et l'analyse de certaines scènes romanesques.

Police

La police concerne la ville, comme l'indique le mot provenant de *polis* qui, au départ, signifie une « communauté politique et religieuse[1] ». L'usage moderne de la notion de police survient au début du XVIIᵉ siècle, prenant la signification d'ordre et de règlement établi dans un État ou une ville. Elle

---

[1] *Dictionnaire historique de la langue française*, Paris, Dictionnaire Le Robert, 1995.

procède en quelque sorte de son urbanité, au sens moderne
que nous donnons à ce terme. Enveloppée par la signification
originelle de son étymologie, à savoir le politique, la politique, la police est un art de vivre à l'intérieur des cités. Dans
un essai dont la majorité des textes concernent les effets de la
politesse dans l'Europe du XVIIIᵉ siècle, Peter France lie la
notion de police à celles de politesse et de politique :

> "Polish" draws attention, etymologically, to a decorative, aes-
> thetic view of politeness, "police" indicates its role as an ins-
> trument for social and political control, while under "polis" I
> consider the attempts to redefine politeness, both morally and
> socially, along more enlightened lines. The division is unrea-
> listically clear-cut, of course, but it allows one to get some
> purchase on a rather Protean entity[2].

Faisant écho à l'*urbanitas* et à une version étendue de la
civilité, c'est cette acception qui sera mise de l'avant par Furetière. Ce dernier dresse un portrait général, universel de la
police et passe au particulier de la ville quand il écrit :

> Lois, ordre & conduite à observer pour la subsistance & entre-
> tien des Etats & des Societez. En général, il est opposé à *bar-
> barie*. Les Sauvages de l'Amerique n'avoient ni loix, ni
> *police*, quand on fit la decouverte. Les Etats differens ont di-
> verses sortes de *police*. La *police* est le fondement de la felici-
> té publique. Les Apotres n'ont point réglé la *police* de l'Église
> sur le gouvernement politique. J. Des Sc. La *police* de Sparte
> étoit différente de celle d'Athenes. Le mot de *police* signifie
> la justice de la ville. LOYSEAU.

La notion est donc ici conçue selon une ouverture maxima-
le, fondée sur une distinction générique entre les barbares
et les civilisés. La civilité est un seuil minimal de politesse,

---

[2] PETER FRANCE, « Polish, Police, "Polis" », dans *Politeness and its Dis-
contents : Problems in French Classical Culture*, Cambridge, Cambridge University Press, 1992, p. 55.

un trait de civilisation. Roger Chartier, en analysant la valeur sémantique de la civilité, la décrit comme suit :

> La notion [de civilité] se trouve doublement connotée : à la fois inscrite dans l'espace public de la société des citoyens et opposée à la barbarie de ceux qui n'ont point été civilisés. Elle apparaît donc étroitement liée à un héritage culturel, qui relie les nations occidentales à l'histoire de la Grèce ancienne, première civilisatrice, et à une forme de société qui suppose la liberté des sujets par rapport au pouvoir de l'État. Contraire de barbarie, *civilité* l'est aussi de despotisme. Seconde chaîne sémantique, dans et hors les dictionnaires : celle qui insère *civil* ou *civilement* dans une série d'adjectifs désignant les vertus mondaines. Chronologiquement, cette série s'enrichit ainsi : *honnête, poli, courtois, gracieux, affable, bien élevé* ; elle se double des adjectifs liés à civiliser, à savoir *traitable* et *sociable*, et elle reçoit tardivement (dans les dictionnaires au moins) un antonyme avec *rustique*. Cet ensemble de mots voisins dessine un autre espace de *civilité*, plus extérieur et plus mondain, où compte avant tout l'apparence des manières d'être[3].

La distinction entre barbarie et civilité fonde une certaine anthropologie de l'espèce, qu'on peut voir dans des œuvres comme celle de Lafitau[4], qui sera renversée par les Lumières, redonnant à la barbarie ses lettres de noblesse, naturelles et sensuelles. Implicitement, on pose que la civilisation est du côté de l'espace urbain et que les états ou les sociétés ont besoin de la police pour assurer leur survie. Lois, ordre et conduite, trois manières d'appréhender la matière sociale. Syntaxe, sémantique et pragmatique. Ou encore le juridique, le politique et la morale. Les deux dernières étant implicitement soumise à la première. On peut aussi imaginer d'autres tripartitions, le texte, le décor ou la scène, et le personnage. L'objectif est la subsistance et l'entretien des états. Cela de-

---

[3] ROGER CHARTIER, *Lectures et lecteurs dans la France d'Ancien Régime*, Paris, Éditions du Seuil, 1985, p. 46.

[4] ANDREAS MOTSCH, *Lafitau, ou l'émergence du discours ethnographique*, Québec et Paris, Septentrion et Presses de l'Université de Paris-Sorbonne, 2001.

vient un peu curieux quand on replace ces deux objectifs dans le contexte des sauvages d'Amérique, des tenants de la barbarie.

Ensuite, dans un deuxième temps, Furetière focalise sur ce qui se « dit particulierement de l'ordre qu'on donne pour la netteté, & sureté d'une ville ; pour la taxe des denrées ; pour l'observation des statuts des Marchands, & des Artisans », rejoignant ainsi la seule définition qu'en donne Richelet : « La police consiste à faire divers réglements pour la commodité des villes & ces règlemens doivent regarder les denrées, les métiers, les ruës & les chemins. La police de Paris est fort bonne », écrit-il dans son *Dictionnaire français* (1680). La police ici est prise au sens où l'entend Delamare dans son *Traité de Police*, à savoir un répertoire de règlements et d'ordonnances qui visent à modaliser un espace de manière à le rendre habitable pour une masse urbaine. Paris est l'exemple parfait de cette acception. Tout comme Richelet, Furetière y va d'une mention parisienne : « La connoissance & la direction de la police de Paris appartenoit autrefois au Lieutenant Civil : elle en a été démembrée en 1667 & elle appartient à un autre Officier, qu'on appelle Lieutenant General de Police ».

Il est normal que, de la barbarie, implicitement illustrée par les sauvages d'Amérique, on glisse vers le *nec plus ultra* de la civilisation, à savoir Paris. Ce passage est à la fois un parcours obligé, centripète et scalaire, de la périphérie au centre, du plus bas au plus haut. Mais c'est aussi, par le jeu de la contiguïté que sont tant la ville que le dictionnaire, le symptôme d'un certain nombre de craintes et de doutes sur l'aptitude réelle de cette police. De façon générale, la police est une machine à civiliser, machine à produire de la civilité de manière à normer les corps, à régulariser leur *habitus*.

Historiquement, la police renvoie à l'appareil administratif, tant dans son personnel, son mode de fonctionnement, que dans son corps de règlements. Elle est pendant longtemps la fidèle compagne de la justice. Mais, entre le XVᵉ et le XVIᵉ siècle, elle s'en séparera, apparaissant comme « une matière de gouvernement [...]. Si bien que la police tend à devenir une activité spécifique de la puissance publique[5] ». Dans le contexte français, la police est inséparable de l'urbanisation des consciences, de l'invention bureaucratique de Paris, amorcées, il est vrai, bien avant, mais célébrées, paradoxalement, à Versailles. Au cours du XVIIe siècle, on assiste à une rationalisation du pouvoir à l'égard des villes. Ce sera la prégnance progressive du pouvoir royal sur les décisions des pouvoirs municipaux, prégnance qui se renforcera au lendemain des Guerres de religion, faisant, par exemple, des entrées royales un double événement et un double discours – appropriation symbolique du Roi, échange de privilèges ; description élogieuse du pouvoir dans ses plus beaux habits, revendication de la singularité municipale.

Ainsi, la police est une des figures du pouvoir de l'âge classique qui vient rappeler l'importance que le siècle accorde à l'espace urbain, cette créature publique qu'on vient codifier, orner, embellir, cadastrer et organiser. Mais la rue, et son appendice qu'est la police, a une histoire qui lui est propre et que je narre depuis quelques années dans des travaux sur les formes urbaines parisiennes[6]. L'avènement de la police, ou de son Lieutenant général, n'est qu'un des moments de cette histoire, moment du reste clé comme en font foi les dictionnaires. En fait, si 1667 est le terminus de mes recherches, le point de départ est la nomination de Sully au poste de Grand Voyer en 1599, avec comme événement principal l'édit de 1607 qui donne alors au Surintendant des Finances les pleins

---

[5] FRANÇOIS MONNIER, article « Police », dans FRANÇOIS BLUCHE, *Dictionnaire du Grand Siècle*, Paris, Fayard, 1990, p. 1217.

[6] Voir DANIEL VAILLANCOURT, « Paris, la capitale du royaume : émergence d'une identité urbaine », dans Lucie K. Morisset et Luc Noppen (éds.), *Les Identités urbaines : échos de Montréal*, Québec, Éditions Nota bene, 2003, p. 301-318 ; « Faire rouler le carrosse, ou comment le XVIIe ne marche plus », dans Erec Koch (éd.), *Classical Unities : Place, Time, Action*, Tübingen, G. Narr Verlag, 2002, p. 45-56 ; « Le spectacle du lieu public : éléments d'esthétique urbaine », dans Marie-France Wagner et Claire LeBrun-Gouanvic (éds.), *Les Arts du spectacle dans la ville (1404-1721)*, H. Champion, 2001, p. 205-236.

pouvoirs sur les rues de Paris. Ces pleins pouvoirs sont cependant bien relatifs puisque dans le contexte juridique du XVIIe siècle, la maîtrise judiciaire des espaces est redevable d'instances qui souvent sont en compétition directe, et ce d'autant que la tradition, la corruption et l'usage rendent discrétionnaire toute loi. En fait, la nomination de La Reynie comme lieutenant général de police est le signe que la monarchie veut mettre de l'ordre dans ses polices et harmoniser la relation entre les différents intervenants. Or la police fait partie d'un processus plus englobant, comme le rappelle Orest Ranum :

> C'est alors que les hommes d'État et les groupes d'intérêt responsables de la ruine du renouveau catholique prirent en main les agences royales chargées de l'assistance publique, de la justice, de la police, des hôpitaux et des tribunaux mineurs. Les innovations apportées par Louis XIV dans l'administration parisienne, surtout par la création de la lieutenance de police, leur fournirent le moyen d'imposer leur programme moral et social[7].

Ainsi, avant d'avoir droit à un nettoyage des rues, on commence par un ménage au niveau des institutions.

Puis, la notion de police doit être impérativement associée à une conception de la discursivité. Ou tout au moins, elle fait partie des paramètres qui viennent modifier la relation entre les sujets et les discours, poétiques ou non. Apprendre à gérer la rue, à organiser les flux, à nommer les surfaces façonne une économie politique des sujets. Les modes de cheminement dans l'espace urbain ne peuvent être séparables du *logos*, à entendre ici comme raison et comme discours. Boileau le dit avec délicatesse dans son *Art poétique* : « La raison pour marcher n'a souvent qu'une voie » (v. 49). Voie rectiligne, étroite, fléchée d'un parcours où les embarras n'ont pas été éliminés, mais voie tout de même qui nécessite un travail sur la matière urbaine. Ce sera le domaine de prédilection de la poli-

---

[7] Orest Ranum, *Les Parisiens au XVIIe siècle*, Paris, A. Colin, 1973, p. 266.

ce. Essentiellement, la police sert à assurer le bon fonctionnement de l'espace urbain, notamment dans deux secteurs bien précis qui avaient été précisés dans la définition de Furetière, la sécurité et la propreté. Mais qu'est-ce que cela implique ?

D'un côté, la sécurité, ou la « sûreté », thème épouvantable qui fait encore des ravages auprès des masses votantes, procède d'un nouveau rapport à l'autre, ou tout au moins d'une altérité qui devient dangereuse et menaçante. Cette altérité est d'autant plus dangereuse qu'elle est d'une part difficilement reconnaissable et, d'autre part, à proximité. L'autre, ce n'est plus l'infidèle, ou même le sauvage, c'est aussi le voisin. Le pouvoir procède à des aménagements, de sorte qu'il puisse mieux disposer du danger, ce dont témoigne la politique de démantèlement des places fortes entreprise systématiquement par Richelieu. Mais cette politique présente, sur le plan tant matériel que symbolique, un réseau complexe de difficultés. Le cas de Loudun, très bien documenté et analysé par Michel de Certeau et par Michel Carmona, en est peut-être une des illustrations les plus probantes[8]. Le démantèlement des murailles, inspirés par le danger que représentent les protestants, vise tout autant à réprimer les huguenots qu'à contraindre la trop grande autonomie de la ville. Mais éliminer les endroits où le territoire de l'autre est marqué consiste à augmenter le degré d'incertitude face à celui qui est face à soi. Ainsi, on pourrait voir dans la grossesse nerveuse et la possession hystérique et spectaculaire de Jeanne des Anges l'exemple extrême de cette ambiguïté face à l'Autre[9] : est-il diable ou dieu ?

---

[8] MICHEL DE CERTEAU, *La Possession de Loudun*, Paris, Julliard, 1970 ; MICHEL CARMONA, *Les Diables de Loudun*, Paris, Fayard, 1988.

[9] Voici un exemple parmi tant d'autres, tiré de JEANNE DES ANGES, *Autobiographie* [1644], Grenoble, Éditions Jérôme Millon, 1990 : « La nuit suivante, sur le minuit, comme j'étais endormie, l'on me vint tirer par la tête. Je me réveillai et demandai qui était cela. On me fit cette réponse : C'est ce que vous avez souhaité toute la journée ; vous me pouvez contenter sans que personne en ait la connaissance. Je fis cette réponse : Je veux contenter Dieu et plaire à lui seul. L'on me donna un coup sur l'épaule droite qui me fit grand

Huguenot ou catholique ? Grandier ou diable ? Ami ou agresseur ? Dans un contexte tout à fait différent, Christian Biet, en parlant des personnages de théâtre, mentionne cette précarité du personnage face à l'autre :

> Le XVIIe siècle, dans la comédie, la tragédie et le roman, a vu naître de nouveaux héros, les personnages que j'appelle « en défaut de loi commune », c'est-à-dire les personnages qui ne sont ni en rupture avec les lois essentielles qui régissent le social et l'intrigue, ni en accord parfait avec elles. [...] Ces personnages ont à conquérir leur statut, à exercer difficilement leur droit individuel dans une société qui privilégie les pères, les aînés, les personnes « capables » à l'origine. Les veuves, les cadets, les bâtards, les filles non-mariées de plus de vingt-cinq ans, envahissent la scène et les pages de roman pour mener la fiction, l'entraîner dans une dynamique dramaturgique et narrative qui renouvelle les cadres de pensée du siècle[10].

Le deuxième secteur concerne la propreté, une hygiène publique que certains grands admirateurs de Louis XIV transforment en une sorte de désir et de prescience épidémiologique. Rien n'est moins sûr. Le nettoyage des rues, plutôt que de chercher à satisfaire la vue et l'odorat, sert plutôt à maintenir un certain flot au niveau de la circulation ; les embarras étant le reliquat d'un monde où la vitesse n'est pas primordiale, un monde où les courbures du temps sont toujours valorisées. C'est que la propreté en soi n'est pas une finalité. Il y a certes un lien entre hygiène, galanterie, propreté du costume, du corps et des rues, mais cela cache un fondement économique

---

mal ; une demi-heure après, je vis sur mon lit, par une clarté qui fut faite, une petite branche de laurier et une de romarin. On me dit en même temps assez rudement : Serrez cela. Peu de temps après, j'entrai dans un grand assoupissement avec de grandes inquiétudes ; je sentais à toute heure comme si un animal eût couru dans mon lit, et m'eût touchée en diverses parties du corps ; cela dura près d'une heure sans que je pusse me retirer de cet assoupissement » (p. 99).

[10] Christian Biet, « L'autre, le droit et la fiction », dans Ralph Heyndels et Barbara Woshinski (éds.), *L'Autre au XVIIe siècle*, Tübingen, Biblio 17, 1999, p. 69.

plus important qui est le rapport au temps [11], à une relation de dépendance entre l'espace et le temps qui est l'objet de beaucoup d'attention [12]. Après tout, si quelque chose est juste dans le mode de fonctionnement louis-quatorzien, c'est bien la nature expéditive de l'appareil d'État qui, en raison de son unité législative et décisionnelle, se mobilise très rapidement. La police, en ce sens, permet de manière globale d'assurer une plus grande lisibilité, favorisant la monosémie, l'étiquetage, les linéarités du flux.

Formes et formalités urbaines

Dans mes travaux sur Paris, je suggère que certaines formes urbaines deviennent des éléments d'une forme symbolique et organisent des formes discursives, partant du principe que le concret du monde, dans sa matérialité la plus « bête »,

[11] MAX ENGAMMARE, dans son ouvrage *L'Ordre du temps : l'invention de la ponctualité au XVIe siècle*, Genève, Droz, 2004, montre comment la pensée protestante prend en considération le temps et « invente » la ponctualité : « Les protestants réformés, à Genève surtout, mais également en France huguenote, à Londres ou à Berne, vont intérioriser une manière d'être différente au temps, acquérant une éthique nouvelle de l'emploi de leurs journées. Des contraintes extérieures vont structurer strictement leur rapport au temps qui est d'abord un rapport à Dieu : c'est ce que nous appelons la discipline ecclésiastique, primordiale à Genève. Il faudra décrire ces pratiques et les comprendre. L'archéologie du rapport des protestants au temps quotidien n'est pas purement historique, on y insistera en conclusion, en reprenant les thèses de Max Weber, pour montrer que sa démonstration et les critiques qu'elle suscita peuvent être déplacées de l'Angleterre puritaine du XVIIe siècle à la Genève calviniste des années 1550-1560, de Baxter à Calvin. C'est à Genève que se jouent des relations nouvelles entre les réformés et le temps quotidien ; c'est là que des structures sociales d'incitation et de contrôle sont instituées ; c'est là qu'une économie nouvelle du *temps et de ses parties* est pensée ; autant d'éléments temporels auxquels les protestants français, surtout de confession calviniste, sont encore aujourd'hui redevables » (p. 12).

[12] Comme en témoigne l'invention en physique de la cinématique. Sur cette question et d'autres plus englobantes, voir JACQUES BLAMONT, « La mesure du temps et de l'espace au XVIIe siècle », *XVIIe Siècle*, vol. LIII, n° 4, 2001, p. 579-611.

recèle des pouvoirs inédits, des silences bavards, un jeu de postures qui finissent par fonder des pratiques culturelles différentes et organiser des discours. C'est parce que la ville est un espace porteur de signes, à la fois mode d'organisation rhétorique, systèmes sémiotiques, formes agencées, territorialités où l'on se doit d'afficher ses insignes, couleurs et emblèmes. Comme l'écrit Michel de Certeau, la ville crée un « *sujet universel* et anonyme » :

> Comme à son modèle politique, l'État de Hobbes, il est possible de lui attribuer peu à peu toutes les fonctions et prédicats jusque-là disséminés et affectés à de multiples sujets réels, groupes, associations, individus. « La ville », à la manière d'un nom propre, offre ainsi la capacité de concevoir et construire l'espace à partir d'un nombre fini de propriétés stables, isolables et articulées l'une sur l'autre[13].

La ville, fondée sur les nécropoles, tirée au cordeau des *templa*, tendue entre les gardiens de la loi et les négociateurs, truchements et interprètes, est toujours le résultat d'une projection sémiotique qui vient la normer, la constituer, l'autoriser, l'édifier[14]. Cette projection ne recoupe pas l'expérience qu'ont de la ville les affects qui la définissent et l'habitent, ses odeurs et son allure. Mais elle se situe à la limite de ce qui la rend possible, entre l'avènement concret et réel de ses formes et leur virtualité conceptuelle, entre le Plan, ou le Désir, et leur actualisation. En ce sens, les formes urbaines, manières de bâtir et de concevoir la rue, s'articulent autour des formalités urbaines, manières de dire et d'être dans le social. La police des rues se conjugue à celle des mœurs, des coutumes. Et ce jeu dialogique entre police et politesse est adaptable ou transposable dans les modes de circulation de la matière discursive.

---

[13] MICHEL DE CERTEAU, *L'Invention du quotidien*, Paris, Gallimard, 1980, p. 143.
[14] Sur l'importance des négociants par rapport à l'émergence des cités, voir JANE JACOBS, *Systems of Survival : A Dialogue on the Moral Foudations of Commerce and Politics*, New York, Vintage Books, 1992.

Il me semble évident qu'on voit, au XVIIe siècle, un certain nombre d'éléments dont la fonction est d'édicter la norme. Celle-ci est valorisée dans un grand nombre de sphères
sociales, idéologiques, épistémiques et esthétiques. Que ce
soit dans la société de cour ou dans les salons[15]. Que ce soit
par la curialisation et la domestication de l'agressivité, les
stratégies d'évitement, les pratiques de sublimation, les mon-
tées d'un courant post-courtisan, péri-royal, les jeux savants et
précieux de l'*urbanitas*, l'exemplarité de l'honnête homme, la
fascination pour la vitesse, la *mathesis* cartésienne et le savant
calcul des distances entre soi et l'autre, le dépouillement de la
langue malherbienne, les projets de dictionnaires et de poétiques de l'Académie. Ce ne sont pas les paramètres qui man-
quent. La lieutenance de police fait partie de ce contexte de
rénovation des discours qui veut faire plus vite et plus clairement. La clarté de la lumière naturelle s'harmonise comme
par enchantement à la clarté de l'art poétique de Boileau.
Mais derrière cette clarté, il y un souci *esthésique*, plutôt
qu'esthétique, qui cherche à policer les sensations pour raffiner les sens, et un projet politique, consistant à reconnaître,
identifier, étiqueter de manière à contrôler sans ambiguïté
l'identité par l'étiquette.

C'est un travail sur les signes, signes d'imprimerie comme
signes sociaux, qui visent à assurer une lisibilité plus grande,
de façon à ce que la représentation soit dédoublée, représentation de représentation, imitation de la « belle nature » qui est
déjà un reliquat domestiqué d'un monde naturel, celui-ci
n'étant pas encore le lieu d'une anatomie critique. Cette volonté d'assurer une lisibilité de la représentation a pour effet
d'encourager la création de perspectives, de places, et la mo-
numentalisation du monarque, soit un ensemble de lieux qui

---

[15] On sait que c'est la grande critique que fait Daniel Gordon à l'égard de
Norbert Élias. Selon lui, le processus de civilisation s'amorce dans les salons
parisiens, avant de se formaliser à Versailles. Voir DANIEL GORDON, *Citizens
without Sovereignty : Equality and Sociability in French Thought, 1670-1789*,
Princeton, Princeton University Press, 1994.

proposent une forme idéalisée de la ville. Ce type de rectitude, cette volonté d'aligner sont redevables d'une nouvelle économie, plus mortelle, plus humaine. On ne meurt plus de la
même façon. Ainsi, ces formes urbaines, matières à transformer, à modeler, réalisations du Voyer qui sera demain ingénieur, demain urbaniste, se détachent des tableaux synchro-
niques, de ces horizons où la chronologie est étale. C'est un
peu ce que la police apprend, en étant réorganisée : on ne
peut pas être partout à la fois. Il faut assurer des flux, faire
circuler, circuler dans le flux et s'assurer de sa position.

Police du récit

Dans un ouvrage récent, Thomas Pavel, en proposant une
nouvelle histoire du genre, affirme que « le roman est le premier genre à s'interroger sur la genèse de l'individu et sur
l'instauration de l'ordre commun[16] ». Espaces habitables et
meublés, théâtre de l'agonique, héritage des formes anciennes
des romans grecs et médiévaux, l'univers romanesque du XVIIᵉ
siècle est un monde encore hétéroclite, plus à l'aise dans un
premier temps à Rome ou à Capoue, qu'à Paris. Récits s'agen-
çant dans de rétives constructions narratives qui consomment
de manière boulimique les épisodes, territoires incertains d'une
rhétorique précieuse, courtoise et encore chevaleresque, les romans, surtout ceux d'avant *La Princesse de Clèves*, épuisent
leur vraisemblance dans des tremblements de terre, des combats infinis, des joutes grandioses. Et ils font huit, dix tomes.
Comme s'ils ne pouvaient, dans un premier temps, faire l'économie de l'espace qu'ils mettent en scène, comme s'ils ne pouvaient se clore et enclore les individualités qu'ils ont activées.
Cela changera au fur et à mesure que le XVIIᵉ siècle avancera,
quand l'individu, aux prises avec l'espace public, se dotera
d'une intériorité, et les personnages d'une conscience privée.

---

[16] THOMAS PAVEL, *La Pensée du roman*, Paris, Gallimard, 2003, p. 46.

Reprenant la question de la police, dans son foisonnement multiple, en explorant comment elle est jouée dans des univers romanesques, on considérera maintenant deux exemples tirés de formes romanesques antithétiques, soit le roman héroïque et le roman comique. Mais ces deux formes sont articulées dialogiquement, l'une venant parasiter l'autre. Ce qui m'intéresse est de montrer, brièvement, deux états de l'urbanité, prise entre forme et formalité urbaine. Le premier exemple provient de *Clélie* (1654-1660) de Madeleine de Scudéry. Ç'aurait pu être un autre roman, mais ce texte convient bien à mon propos, et ce d'autant qu'on lui a reproché de mettre en scène un univers bourgeois qui faisait dépérir le monde romain d'où il provenait [17]. Pour le deuxième exemple, j'ai choisi *Le Roman bourgeois* (1666) d'Antoine Furetière qui s'ordonne selon les règles du genre comique.

Au début de son roman, Madeleine de Scudéry raconte le mariage d'Aronce et de Clélie. Le récit s'ouvre sur la description d'un *locus amœnus*, avec des ornementations rhétoriques qui seront ridiculisées dans les romans comiques :

> Il ne fut jamais un plus beau jour que celuy qui devoit preceder les Nopces de l'illustre Aronce, & de l'admirable Clelie : & depuis que le Soleil avait commencé de couronner le Printemps de Roses & de Lis, il n'avoit jamais esclairé la fertile Campagne de la delicieuse Capouë, avec des Rayons plus purs, ny respandu plus d'or & de lumiere dans les Ondes du fameux Vulturne, qui arrosent si agreablement un des plus beaux Païs du Monde. Le Ciel estoit serain, le fleuve estoit tranquille, tous les vents estoit renfermez dans ces Demeures sousterraines d'où ils sçavent seuls les routes & les detours ; & les Zephirs mesme n'avoient pas alors plus de force qu'il en falloit pour agiter agreablement les cheveux de la belle Clelie […] [18].

---

[17] Voir NICOLE ARONSON, *Mademoiselle de Scudéry, ou le voyage au pays de Tendre*, Paris, Fayard, 1986, p. 17 et 217.

[18] MADELEINE DE SCUDÉRY, *Clélie, histoire romaine* [1654-1660], L. I, Genève, Slatkine Reprints, 1973, p. 1-2.

Cette quiétude superlative est troublée quand survient un orage qui violente le paysage et s'avère un présage du météore dramatique qui va tomber sur les personnages. L'harmonie triomphale des éléments (un soleil qui couronne, les rayons les plus purs qui distribuent or et lumière, un fleuve qui arrose agréablement, l'emprisonnement et l'éloignement des vents) va être dérangée, déclenchant les possibles narratifs et la mise en marche de l'intrigue. En effet, au moment où les promis vont se rencontrer survient un double séisme, celui de la terre qui sépare les deux groupes et celui provoqué par le rapt de la mariée par Horace, le principal rival du futur époux. Mettant en scène une longue quête, fonctionnant par analepses et tranches d'histoires, le récit va s'agencer sur dix tomes. Architecture spiralée, ligne narrative constamment détournée, le récit ne progresse pas véritablement, il chemine à petits pas, au rythme cahoteux des conversations et des échanges entre les personnages. Racontant les aventures d'Aronce cherchant à retrouver sa fiancée et l'histoire de leurs amours, le récit procède par une succession de tableaux. Se déroulant dans un décor réduit, il est avant toute chose, histoire, bribes de vie de salon, billets doux, jeux savants[19]. En ce sens, le texte participe d'une forme polie, plus que policée, de l'espace social. Delphine Denis rappelle la fonction instrumentale des romans de Mademoiselle de Scudéry : « La romancière disposait là d'un puissant outil de diffusion et de promotion. Elle pouvait espérer, en contribuant à "raffiner" les mœurs et à illustrer la belle galanterie, incarner cet idéal civilisateur pour un très vaste public de femmes et d'honnêtes gens[20] ».

Carte du Tendre, cartographie de l'amour précieux, le lecteur se retrouve dans le royaume des amants « dégriffés »,

---

[19] Par exemple, DELPHINE DENIS, *La Muse galante : poétique de la conversation dans l'œuvre de Madeleine de Scudéry*, Paris, H. Champion (Lumière classique), 1997.

[20] DELPHINE DENIS, « Introduction », dans MADELEINE DE SCUDÉRY, « *De l'air galant* » *et autres conversations (1653-1684)*, Delphine Denis (éd.), Paris, H. Champion (Sources classiques), 1998, p. 12.

procédant par asymptote et éloignement. Ceci étant dit, le monde dans lequel vit Aronce est fondé sur une société de rivaux, celui qu'on croyait bienveillant prétend au même objet amoureux. C'est dans ce contexte que l'organisation de la convivialité repose : éviter la friction, désencombrer la voie. Le monde des salons est dépeint, cercle où la parole circule, où les pointes et les réparties assurent le capital symbolique de ceux qui y jouent et le maintien fluide de l'espace de la conversation. Domestiquer l'agressivité et supprimer le geste de colère sont des manœuvres pour s'assurer de son pouvoir : ce sont aussi des jeux de façades qui suppriment toutes mises au jour d'une intériorité qui laisseraient filtrer la vérité d'une pulsion. L'amant se contraint, réduit les modes d'apparition de la pulsion, suit l'itinéraire lent de la « nouvelle amitié » à la « tendresse sur inclination ». De ce jeu galant, il devient civil, surface et façade[21]. Surface lisse de la Carte du Tendre, cadre sans volume de l'enveloppe, visage impassible devant l'amante et le rival, le héros est une architecture contrainte. Le récit met en scène une police du tempérament qui conduit à des pactes de non-agression comme celui passé entre Aronce et Horace, dans le premier livre :

> Si vous voulez (repliqua Horace apres avoir resvé un moment) me promettre de faire ce que vous pourrez pour ne l'aimer plus, je feray la mesme chose ; quand je vous promettray ce que vous me demandez, repliqua Aronce, nous nous retrouverons dans quelques jours au mesme estat où nous sommes aujourd'huy : puis que je suis assuré que je ne scaurois cesser d'aimer Clélie. De sorte que tout ce que je puis, est de rappeler toute ma generosité, pour m'empescher de vous haïr, ou pour vous haïr un peu moins qu'on ne haïs d'ordinaire son Rival ; car comme je suis fort sincere, je ne puis vous dire ces choses que je ne pense pas, Aimons donc Clelie, poursuivit-il, puis que nostre Destin le veut ; & soyez seulement persuadé,

---

[21] « La tendresse a encore cela de particulier qu'elle luy donne mesme je ne scay quel caractere de galanterie qui la rend plus divertissante ; elle inspire la civilité & l'exactitude à ceux qui en sont capables [...] ». *Clélie, op. cit.*, p. 210.

qu'il n'y a que l'amour que j'ay pour elle, qui me puisse faire haïr Horace. Je sens pourtant bien, adjousta cet illustre Amant, que si vous n'estes pas plus heureux que moy, je ne vous haïray point ; & je suis mesme persuadé que si je ne suis pas plus heureux que vous, vous ne me haïrez pas. Ainsi on peut dire que Clelie en disposant de son cœur mettra dans le vostre, & dans le mien, de la haine, ou de l'amitié, selon que nous serons heureux, ou malheureux. Ce qu'il y a d'avantageux pour nous à ce que je dis, c'est que si je vous haïs par ce que vous serez aimé de Clelie, son affection vous consolera de ma haine : & que si je vous suis preferé, j'auray lieu de me consoler de la vostre[22].

Aronce propose plus ou moins à Horace une libre circulation de la haine. L'enjeu est de ne pas refouler les émotions afin de ne pas faire de fausses promesses, ce qui renvoie à un certain *ethos* du chevalier chrétien et d'une morale stoïque. Mais ce pacte ne suffit pas, Aronce a les faveurs de Clélie et Horace finit par mettre la main à l'épée. La stratégie d'Horace est double : soit il meurt et il est soulagé, soit on apprend son combat et la vérité éclate aux oreilles du père. Sa stratégie fonctionne et après avoir été blessé par Aronce, il obtient les faveurs de Clelius. Les deux belligérants se rencontrent à nouveau :

Les choses estant donc en cet estat, ie vy Aronce tenté cent & cent fois, de faire perir Horace ou de perir luy mesme : & si je n'eusse retenu une partie de l'impetuosité de ses sentimens, ie ne scay ce qu'il auroit fait. Il arriua mesme une chose qui embarrasse fort ces deux Riuaux ; car comme Aronce alloit en resvant par une Ruë qui est assez pres de la Maison où logeoit Horace, cet Amant sortoit de chez luy pour la premiere fois, & en sortoit pour aller chez Clelius, à qui il alloit faire sa premiere visite ; pour le remercier de la favorable disposition où il estoit pour luy, quoy qu'il ne luy eust encore rien promis. Si bien que ces deux Riuaux se rencontrant, s'aborderent auec des sentimens differens ; car comme Horace croyait deuoir bientost estre heureux il avoit moins d'aigreur dans l'esprit ; & il reconnoissait encore son Liberateur en la personne de son

[22] *Ibid.*, p. 382-383.

Riual ; mais pour Aronce comme il estoit malheureux,
quelque genereux qu'il fust, il ne voyait plus que son Rival,
en la personne de son Amy. Ils se salüerent pourtant tous
deux ; car j'auois oublié de vous dire, que durant qu'Horace
gardoit la Chambre, leurs Amis communs auaient fait entre
eux une espece d'accommodement, sans qu'on y eust esclair-
cy la cause de leur querelle[23].

Alors que la description du site dans la première scène du
roman fait appel à l'univers tout entier, Aronce est dans un
espace urbain localisé, mais non précisé, une rue près de la
maison d'Aronce. Rêvant, il est dirigé vers le lieu de son désir, le lieu de son agressivité. Ainsi, pendant un bref moment,
les deux personnages converseront avec un minimum de civilité dans cette rue, lieu des rencontres et des mauvaises rencontres. Cela ne durera pas car des amis les retrouvent, et
« voyant quelque alteration dans leurs yeux, ne les quitterent
point[24] ». Les deux rivaux ne veulent pas perdre la face, leurs
discours autrefois galants et courtois cèdent à l'affrontement,
les pointes ne suffisent plus. Il faut dire qu'il n'y a pas de public, on est dans le face à face de la rue. Le face à face, expérience extrême de l'altérité, rend inutile la façade, la circons-
cription des pulsions, l'ordre de la galanterie ; les masques
tombent et la vérité ne peut être que celle des corps ago-
niques. Cet affrontement, véritable coup de force aux dimen-
sions météorologiques, ne peut plus être sublimé, cadastré, il
est le signe d'une nature qui n'est plus sur la carte. C'est sa
répétition qui ouvre le récit, la cata-strophe, Horace prenant
de force Clélie. Ainsi, la ville, avec ses rues et ses jardins,
aussi peu présente qu'elle soit dans *Clélie*, est un espace de
contiguïté qui a de la difficulté à être policé. La nature de son
contenant, qui inclut des parcours établis sur la proximité, des
charges d'intensité, des orientations du désir, fait perdre leur
contenance aux personnages : politesse et police se désagrè-
gent sans pour autant révéler les espaces intérieurs.

---

[23] *Ibid.*, p. 500-501.
[24] *Ibid.*, p. 504.

Le deuxième exemple organise sa police différemment. Si celle de la *Clélie* est fondée sur les hauteurs d'un comportement moralisé, la représentation de l'agressivité amoureuse et de la politesse des mœurs, *Le Roman bourgeois*, lui, suppose une position, un jeu de positions et d'oppositions. Il est en ce sens résolument urbain, explorant le tissu social de certains quartiers bourgeois, montrant les jeux hybrides des ordres sociaux et les modes d'accointance occasionnés par la chose publique, rue, place ou église. Petite foule de personnages « de médiocre condition », collection de récits enchassés, le roman se veut « mobile », par-delà le « chemin battu par les autres », faisant « jouer cette pièce sans pompe et sans appareil[25] ». C'est par souci de ce qu'on appellera le réalisme, souci de faire l'inventaire, de décrire la vie des personnages à la manière du lexicographe qui décrit la signification des mots.

Le roman sert donc à énoncer une position, celle d'un énonciateur qui décrit son rôle. L'observateur se place à un niveau défini, il oriente son regard, comme le personnage oriente ses pas. Il définit en se définissant, au nom de l'efficacité de la fiction qui n'est cependant pas désignée comme telle, efficacité de la vraisemblance aussi[26]. Une position, un point, c'est une façon de poser un plan, d'articuler une perspective et d'agencer une ligne narrative. Les constats progressifs, entre une certaine manière de construire des romans et les visées du narrateur, forment une rationalisation, non une rationalisation au sens du rationalisme cartésien, mais plutôt

[25] ANTOINE FURETIÈRE, *Le Roman bourgeois* [1666], Paris, Gallimard, 1981, p. 30.

[26] Par exemple, l'énonciateur commente la valeur pragmatique des romans à clefs : « J'ai même ce respect pour eux, que je ne veux pas faire comme certains écrivains, qui, lorsqu'ils en parlent, retournent leurs noms, les écorchent, ou les anagrammatisent. Invention assez inutile, puisque, si leur nom est bien caché, le discours est obscur et perd de sa force et de sa grâce, on n'est tout au plus plaisant qu'à peu de personnes ; et si on le découvre (comme il arrive presque toujours) ce déguisement ne sert de rien, vu que les lecteurs font si bien qu'ils en attrapent la clef, et il arrive souvent qu'il y a des larrons d'honneur qui en font faire de fausses clefs ». *Ibid.*, p. 105.

au sens du type de calcul effectué par un fonctionnaire, un technocrate, un ingénieur. Le monde médiocre est le monde de la moyenne, moyenne statistique, mathématique de la norme, voire étiquette qui fiche. Dans l'œil de ce narrateur, on voit alors communiquer une pensée de la règle, un souci de l'égalité et des convenances, un regard policier. Tel que le titre l'indique : roman bourgeois, roman parisien, roman d'un ordre qui devient classe, roman d'une classe moyenne qui n'existera finalement pas à Paris. Nicomède, Vollichon, Jean Bedout, auxiliaires de la justice, avocats, composent ce monde où l'individu et l'ordre commun se mêlent selon les avancées d'un narrateur qui, dans les espaces de la chose publique, montrent les assemblages complexes auxquels se soumettent les bourgeois. Monde situé dans l'entre-deux, entre la dépense aristocratique, héroïque, déterritorialisée et le calcul soucieux et sourcilleux d'une morale bourgeoise reterritorialisée sur ce qui lui donne son nom : la maison qui a pignon sur rue. Ainsi, on peut comprendre l'homme amphibie qu'est Nicomède comme traçant la ligne médiane, à la fois voie du milieu et voix d'un milieu, le quartier de la place Maubert, le Châtelet, comme en fait foi son portrait :

> À cette solennité se trouva un homme amphibie, qui était le matin avocat et le soir courtisan ; il portait le matin la robe au Palais pour plaider ou pour écouter, et le soir il portait les grands canons et les galants d'or, pour aller cajoler les dames. C'était un de ces jeunes bourgeois qui, malgré leur naissance et leur éducation, veulent passer pour des gens du bel air, et qui croient, quand ils sont vêtus à la mode et qu'ils méprisent ou raillent leur parenté, qu'ils ont acquis un grand degré d'élévation au-dessus de leurs semblables. Celui-ci n'était pas reconnaissable quand il avait changé d'habit. Ses cheveux, assez courts, qu'on lui voyait le matin au Palais, étaient couverts le soir d'une belle perruque blonde, très fréquemment visitée par un peigne qu'il avait plus souvent à la main que dans sa poche. Son chapeau avait pour elle un si grand respect, qu'il n'osait presque jamais lui toucher. Son collet de manteau était bien poudré, sa garniture fort enflée, son linge orné de dentelle ; et ce qui le parait le plus était que, par bonheur, il avait un poireau au bas de la joue, qui lui donnait un

honnête prétexte d'y mettre une mouche. Enfin il était ajusté de manière qu'un provincial n'aurait jamais manqué de le prendre pour modèle pour se bien mettre. Mais j'ai eu tort de dire qu'il n'était pas reconnaissable : sa mine, son geste, sa contenance et son entretien le faisaient assez connaître, car il est bien plus difficile d'en changer que de vêtement, et toutes les grimaces et affectations faisaient voir qu'il n'imitait les gens de la Cour qu'en ce qu'ils avaient de défectueux et de ridicule. C'est ce qu'on peut dire, en passant, qui arrive à tous les imitateurs, en quelque genre que ce soit [27].

Ce jeune homme a les attributs des « gens du bel air » mais il est reconnaissable par « sa mine, son geste, sa contenance et son entretien ». Il ne peut usurper, n'étant qu'un imitateur. Nicodème ou Monsieur Jourdain sont dans la même logique, celle des gens de la ville, « singe[s] de la Cour » décriés par La Bruyère. Mais cela suppose un regard, un narrateur « comique », qui, à sa manière, vérifie l'origine sociale de chacun. La perruque, les canons et les galants, la mouche sont des attributs pour séduire, mais ils sont soutenus par un corps « défectueux », lieu de la déficience et du déficit. On est loin de la perfection des mœurs du héros. Dans une histoire du roman, cette imperfection est un signe de l'évolution du personnage, individu crevassé, incertain, dont le jeu montre le visage sous le masque. Dans la situation du récit, cependant, cette imitation, bien que désignée comme étant ridicule par le narrateur, est plutôt une stratégie de la part de Nicodème : sa panoplie le mène à l'église des Carmes, place Maubert, son champ de bataille demeure la bourgeoisie. Il ne peut pas perdre contenance parce qu'il n'est que contenant, avoir et non pas être. Il spécule sur ce que ces habits peuvent lui rapporter, comme il « donne » à Javotte lors de la quête pour se faire remarquer.

Entre le ridicule énoncé par un regard policier et les motivations du personnage, existe un écart, une dissonance. On dirait presque un contrepoint. Le regard du narrateur est un re-

---

[27] *Ibid.*, p. 34-35.

gard au détail, comme on dit une vente au détail. Il établit un
rapport entre les attributs, ce qui est acheté, et la mine ou la
contenance, ce qui est plus proche de l'origine[28]. Il doit être
rapide, bref, relevant d'une économie du coup d'œil, mobilisa-
tion spéculative qui restreint l'empan du récit. La stratégie se
veut réaliste, mais elle est aussi le symptôme d'une attitude
plus englobante de la bourgeoise qui est hantée par la peur de
la bêtise, la crainte de l'idiotie : entre une animalité qu'on
rapproche de la paysannerie et une individualité trop remar-
quable qui devient a-normale. La perspective du narrateur est
alors basée sur le contrôle des identités et vise, implicitement,
en la dénonçant, à échafauder une norme. Monde où chacun
est à sa place, où tout est en ordre. Nicodème peut bien possé-
der les vêtements à la mode, il ne la crée pas, il la suit, en
spéculant sur sa valeur dans son monde, place Maubert. Du
reste, il s'agit de la place Maubert, site d'une tradition bourgeoise très ancienne, où la milice se rencontre, une place non
ordonnancée, aléa d'une agglutination urbaine, et non de la
place Royale. Nicodème est à la bonne place, suffisamment
élégant pour ne pas être déplacé.

En concluant, on notera que ces deux récits, bien que très
différents, au-delà de la topographie implicite entre le haut et
le bas, situent leurs personnages en fonction d'un cadre poli,
voire urbanisé, sinon urbain. Dans le premier cas, les personnages sont revêtus d'épithètes et d'attributs qui légitiment leur
ethos, leur attitude dans le monde. Ils doivent se contenir, dis-
simuler, montrer en silence : ils sont toujours en représentation. Ils ont du pouvoir car ce sont des êtres de pouvoir, fils de
Roi, Prince, citoyen romain bien en vue, etc. Ce sont des êtres
de la société de cour et ils sont alors très abstraits ; la sphère

---

[28] La question de l'inné et de l'acquis demanderait ici une plus grande
élaboration. La police ou la politesse, depuis le *Courtisan* de Castiglione, ont
souvent partie liée avec la naissance, mais on peut voir un progressif détache-
ment de ce facteur au siècle qui suit dans un texte comme les *Considérations
sur les mœurs de ce siècle* (1751) de CHARLES DUCLOS.

de leurs actions est dépouillée. C'est en tant qu'êtres inlassables de parole, qu'ils deviennent invraisemblables, ne perdant pas pour autant leur rôle d'exemplarité dans le monde du XVIIe siècle. Autant ils peuvent se contenir, autant le narrateur ne peut les contenir, les placer dans un univers, des lieux, des sites qui les contiennent. La police des mœurs, la politesse, a pris le dessus sur la police des rues et celle du récit. Dans le deuxième exemple, on assiste à un travail différent. Les personnages sont vêtus, détaillés, ils sont dans la ville et ils sont la ville. Le narrateur fait aussi partie de ce dispositif : il construit un regard policier qui juge et jauge rapidement, et les personnages font signe. Ce n'est pas la beauté de leurs vertus, l'architecture abstraite de leurs comportements qui les rend légitimes, ce sont leurs habits et leur *habitus*, ce qu'ils ont plus que ce qu'ils sont, les lieux qu'ils habitent. Ils sont sans pouvoir parce qu'ils sont pétris par un pouvoir. Insérés dans une forme plus courte et ramassée, pris en charge par un dispositif narratif organisé, ces êtres sont des formes urbanisées par un regard qui les police et se police par le fait même.

Et pourtant, la *Clélie* était lue et « populaire », maintenant un pouvoir sur son lectorat, tandis que le roman de Furetière fut un échec, oublié rapidement. Que la police du récit ait assuré une rectitude narrative, campé un décor, répondu à nos attentes de lecteurs du XXIe siècle, elle n'a pas su pour autant attirer l'attention des lecteurs polis, plus en proie au pouvoir de l'invraisemblable qu'au pouvoir de ce qui rend vraisemblable.

INDEX NOMINUM

TABLE DES MATIÈRES

TROISIÈME PARTIE

Finito di stampare
nel mese di settembre 2005
dalla Grafischena S.r.l.
per conto di Schena Editore
Fasano di Brindisi

BIBLIOTECA DELLA RICERCA

fondata e diretta da GIOVANNI DOTOLI

I. TESTI STRANIERI

diretti da Pierre Brunel e Giovanni Dotoli

1. Georges de Scudéry, *Poésies diverses*, Texte ét., ann. et prés. par Rosa Galli Pellegrini, vol. I, 1983. Schena - Nizet.
2. A. Hardy, *La Belle Egyptienne, Tragi-comédie*, Texte ét., ann. et prés. par Bernadette Béarez Caravaggi, 1983. Schena - Nizet.
3. Louis-Abel Beffroy de Reigny, *Nicodème dans la lune ou la Révolution pacifique*, Texte ét., ann. et prés. par Michèle Sajous, 1983. Schena - Nizet.
4. Jean-Baptiste Rousseau, *Cantates*, Texte ét., ann. et prés. par Teresa Di Scanno, 1984. Schena - Nizet.
5. Georges de Scudéry, *Poésies diverses*, Texte ét., ann. et prés. par Rosa Galli Pellegrini, vol. II, 1984. Schena - Nizet.
6. Sa'ad Allah Wannus, *Serata di gala per il 5 giugno*, Intr. e versione dall'arabo di Geneviève Abet, 1984.
7. Théophile Gautier, *Les Grotesques*, Texte ét., ann. et prés. par Cecilia Rizza, 1985. Schena - Nizet.
8. Pedro Gaytán, *Historia de Orán y de su cerco*, a cura di Enrica Bisetti. *El llanto que hizo San Pedro quando negó a Jesú Cristo*, a cura di Giovanni Caravaggi, 1985.
9. *Càrcer d'Amor, Carcer d'Amore. Due traduzioni della 'novela' di Diego de San Pedro*, a cura di Vincenzo Minervini e Maria Luisa Indini, 1986.
10. *Michelet in Liguria (1853-1854)*, Intr., trad. e note di Teresa Di Scanno, 1987.
11. *Les héroïdes dans la seconde moitié du XVIIIe siècle (1758-1788)*, choix de textes et commentaire par Renata Carocci, 1988. Schena - Nizet.
12. Sebastian Brant, *Das Narrenschiff. La nave dei folli*, Intr., trad. con testo originale a fronte e note a cura di Raffaele Disanto, 1989.
13. Gustave Flaubert, *Le Dictionnaire des idées reçues*, Texte ét., ann. et prés. par Marie Thérèse Jacquet, 1990. Schena - Nizet.
14. Georges de Scudéry, *Autres oeuvres*, Texte ét., ann. et prés. par Rosa Galli Pellegrini, 1990. Schena - Nizet.
15. Sergio Poli, *Histoire(s) tragique(s). Anthologie/Typologie d'un genre littéraire*, 1991. Schena - Nizet.
16. Julliani, *Les proverbes divertissants*, texte ét., ann. et prés. par Mirella Conenna, 1990. Schena - Nizet.

17. Robert Graves, *La Fredda rete. Poesia e critica*, scelta, intr., trad. e note di Marisa Saracino Favale, 1990.

18. Lysimaque Tavernier, *Lettere a Stendhal*, raccolte e illustrate da Rosa Ghigo Bezzola, 1991.

19. *Instruction pour les jeunes dames, par la Mere et Fille d'Alliance (1597)*, a cura di Concetta Menna Scognamiglio, 1992.

20. Marcel Schwob, *Le Livre de Monelle*, Introduction et édition par Fernando Schirosi, 2000. Schena - Didier Érudition.

21. Nicolas Drouin dit Dorimond, *Théâtre*, Textes ét., ann. et prés. par Mariangela Mazzocchi Doglio, 1992. Schena - Nizet.

22. Catherine Bernard, *Oeuvres*, 1. *Romans et nouvelles*, Textes ét., ann. et prés. par Franco Piva, 1993. Schena - Nizet.

23. Pierre Laureau, *L'Amérique découverte*, Texte établi, annoté et présenté par Renata Carocci, 1994. Schena - Nizet.

24. Catherine Bernard - Jacques Pradon, *Le Commerce Galant ou lettres tendres et galantes de la jeune Iris et de Timandre*, texte établi, présenté et annoté par Franco Piva, 1996. Schena - Nizet.

25. *Tragédie sur la mort de Lucresse*, Texte établi, annoté et présenté par Patrizia de Capitani, 1996. Schena - Nizet.

26. Victor Hugo, *Les Orientales / Le Orientali (scelta di poesie)*, intr. e trad. di Fernando Schirosi, pref. di Michele Dell'Aquila, 1997.

27. Georges de Scudéry, *Alaric, ou Rome vaincue*, intr. et notes à la *Préface* par Rosa Galli Pellegrini, établ. du texte, résumé et notes par Cristina Bernazzoli, 1998. Schena - Didier Érudition.

28. *Cancionero liberal contra Fernando VII*. Antología poética e introducción de María Rosa Saurin de la Iglesia, 1998.

29. Jean Schweighaeuser, *Tableau littéraire de la France dans le XVIIIᵉ siècle*. Un inédit de 1806. Métaphrase de Bertrand Hemmerdinger, avec, en appendice, le Catalogue de la bibliothèque de Schweighaeuser, introduction de Giovanni Dotoli, 1999. Schena - Didier Érudition.

30. Catherine Bernard, *Oeuvres*, 2. *Théâtre et Poésies*, texte ét., ann. et prés. par Franco Piva, 1999. Schena - Didier Érudition.

31. *Anthologie de la poésie marocaine. 1938-1994. Traductions de l'arabe*, avant-propos de Giovanni Dotoli, préface de Mohamed Chad, 1999. Schena - Didier Érudition.

32. Marcel Schwob, *Le livre de Monelle*, introduction et édition par Fernando Schirosi, 2000. Schena - Didier Érudition.

33. Georges de Scudéry, *La Comédie des Comédiens*, intr., traduzione con testo a fronte e note di Isabella Cedro, 2002.

34. Jules Mascaron, *Les oraisons funèbres*, texte présenté, établi et annoté par Bernard Gallina, 2002. Schena - Presses de l'Université de Paris-Sorbonne.

35. Jean-Jacques Rousseau, *Les Rêveries du promeneur solitaire, suivies des Lettres à Malesherbes et d'un choix de textes sur la rêverie*, texte

établi, préface, notes, chronologie et choix de variantes par Robert Morrissey, 2003. Schena - Presses de l'Université de Paris-Sorbonne.

36. Georges De Scudéry, *Ibrahim ou l'Illustre Bassa*, introduction et notes à l'*Epître* et à la *Préface* par Rosa Galli Pellegrini, établissement du texte, notes, annexes et fiches historiques par Antonella Arrigoni. 2003. Schena - Presses de l'Université de Paris-Sorbonne.

II. CULTURA STRANIERA

diretta da Pierre Brunel, Béatrice Didier, Giovanni Dotoli e Robert Kopp

1. Anna Maria Raugei, *Un abbozzo di grammatica francese del '500. Le note di Gian Vincenzo Pinelli*, 1984.

2. Francesco Saverio Perillo, *Rinnovamento e tradizione. Tre studi su Kačić*, 1984.

3. Enea Balmas, *Il buon selvaggio nella cultura francese del Settecento*, 1984.

4. Monique Ipotési, *Saint-Just et l'antiquité*, 1984. Schena - Nizet.

5. Maria Giulia Longhi, *L'educazione esemplare. Zulma Carraud, un'amica di Balzac, scrive per l'infanzia*, 1984.

6. Carlo Lauro, *'Foire' e utopia nel teatro di M.-A. Legrand*, 1985.

7. Carlo Pancera, *La Rivoluzione Francese e l'istruzione per tutti. Dalla convocazione degli Stati Generali alla chiusura della Costituente*, 1984.

8. Gaetano D'Elia, *I racconti inquieti di Conrad*, 1985.

9. Enzo Caramaschi, *Arts visuels et littérature. De Stendhal à l'impressionnisme*, 1985. Schena - Nizet.

10. Maria Rosaria Ansalone, *Una donna, una vita, un romanzo. Saggio su 'La Vie de Marianne' di Marivaux*, 1985.

11. *Canada ieri e oggi*. Atti del 6° Convegno internazionale di studi canadesi, sezione francofona, a cura di Giovanni Dotoli e Sergio Zoppi, vol. I, 1986.

12. *Canada ieri e oggi*. Atti del 6° Convegno internazionale di studi canadesi, sezione anglofona, a cura di Giovanni Bonanno, vol. II, 1986.

13. *Canada ieri e oggi*. Atti del 6° Convegno internazionale di studi canadesi, sezione storica, a cura di Luca Codignola e Raimondo Luraghi, vol. III, 1986.

14. Gaetano D'Elia - Christopher Williams, *La nuova letteratura inglese. Ian McEwan*, 1986.

15. Laura Kreyder, *L'enfance des Saints et des autres. Essai sur la comtesse de Ségur*, 1987. Schena - Nizet.

16. Marie Thérèse Jacquet, *Les Mots de l'absence ou du 'Dictionnaire des idées reçues' de Flaubert*, 1987. Schena - Nizet.

37. Nicola D'Ambrosio, *Bibliographie méthodique de la poésie maghrébine de langue française: 1945-1989,* 1991. Schena - Nizet.

38. *Poésie méditerranéenne d'expression française. 1945-1990,* par Giovanni Dotoli, 1991. Schena - Nizet.

39. Ernesta Caldarini, *Percorsi critici,* a cura di Nerina Clerici Balmas, 1991.

40. Maria G. Pittaluga, *Aspects du vocabulaire de Jean Racine,* 1991. Schena - Nizet.

41. Bernard Gallina, *Jules Vallès et l'expérience du roman,* 1992. Schena - Nizet.

42. *Canada ieri e oggi 3.* Atti dell'8° Convegno internazionale di studi canadesi, sezione francofona, a cura di Giovanni Dotoli e Sergio Zoppi, vol. I, 1992.

43. *Canada ieri e oggi 3.* Atti dell'8° Convegno internazionale di studi canadesi, sezione storica, geografica ed economica, a cura di Luigi Bruti Liberati e Fabrizio. Ghilardi, vol. II, 1992.

44. *Canada ieri e oggi 3.* Atti dell'8° Convegno intern. di studi canadesi, sezione anglofona, a cura di Giovanni Bonanno, vol. III, 1992.

45. Pasquale Gallo, *L'orso danzante. Un'immagine circense in: Paul Fleming, Gotthold Ephraim Lessing, Heinrich Heine,* 1992.

46. Matteo Majorano, *Il sipario di carta. Congegni di scrittura nel "Roman comique",* 1992.

47. Fernando Schirosi, *Mito e simbolo. Bazin, Butor, Robbe-Grillet, Sarraute,* 1992.

48. *Aspects of English Diachronic Linguistics,* Ed. by Nicola Pantaleo, 1992.

49. *Early Modern English: Trends, Forms and Texts,* Ed. by Carmela Nocera Avila, Nicola Pantaleo and Domenico Pezzini, IV Convegno Nazionale di Storia della Lingua Inglese, 1993.

50. Paola Placella Sommella, *Dimore di donne,* 1992.

51. Antonietta Amati, *Ichot a burde in a bour. Il sapere scientifico nella lirica inglese del '300,* 1994.

52. Giorgio De Piaggi, *La Conquête de l'écriture ou une saison d'écriture narrative au féminin. Les années 70,* 1993. Schena - Nizet.

53. Elizabeth R. Jackson, *"Secrets observateurs. . .": la poésie d'André Chénier,* 1993. Schena - Nizet.

54. *Stendhal tra la letteratura e musica.* Atti del Convegno internazionale di Martina Franca, 26-29 nov. 1992, a cura di Giovanni Dotoli, 1993.

55. Carlo Pancera, *Una vita tra politica e pedagogia. M.-A. Jullien de Paris (1775-1848),* 1994.

56. Teresa Di Scanno, *Villiers de l'Isle-Adam e i limiti dell'umano,* 1994.

57. *Canada e Italia verso il Duemila: Metropoli a confronto.* Atti del 9° Convegno internazionale di studi canadesi. Sezione storica, geografica e sociologica. A cura di Luigi Bruti Liberati e Massimo Rubboli. Vol. I, 1994.

98. Vanda Durante, *Brillos de heroísmo cotidiano. Miguel Delibes y "Cinco horas con Mario", por temas*, 2000.

99. Luigi Cazzato, *Metafiction of Anxiety. Modes and Meanings of the Postmodern Self-Conscious Novel*, 2000.

100. Giovanni Dotoli, *Littérature et société en France au XVIIe siècle*, deuxième volume, 2000. Schena - Didier Érudition.

101. Pierre Brunel, *Rimbaud sans occultisme*, 2000. Schena - Didier Érudition.

102. Frédéric Mancier, *Le modèle aristocratique français et espagnol dans l'œuvre romanesque de Lesage. L'"Histoire de Gil Blas de Santillane": un cas exemplaire*, 2001. Schena - Presses de l'Université de Paris-Sorbonne.

103. *Il Canada e le culture della globalizzazione*. Atti del Congresso Internazionale del 20° Anniversario dell'Associazione Italiana di studi canadesi. Bologna 8-11 settembre 1999, a cura di Alfredo Rizzardi e Giovanni Dotoli, 2001.

104. *Piccinni e la Francia*. Atti del Convegno internazionale. Martina Franca 21-22 luglio 2000, a cura di Giovanni Dotoli, 2001.

105. *Il Canada tra modernità e tradizione*. Atti del Seminario di studi dell'Associazione Italiana di studi canadesi. Monopoli 4-6 ottobre 2000, a cura di Giovanni Dotoli, 2001.

106. Francesca Melzi D'Eril Kaucisvili, *Dans le laboratoire de Marguerite Yourcenar*, 2001. Schena - Presses de l'Université de Paris-Sorbonne.

107. Giovanni Dotoli, *Littérature et société en France au XVIIe siècle*, troisième volume, préface de Jean Mesnard, 2001. Schena - Presses de l'Université de Paris-Sorbonne.

108. Anna Martellotti, *Il Liber de ferculis di Giambonino da Cremona. La gastronomia araba in Occidente nella trattatistica dietetica*, 2001.

109. Nerina Clerici Balmas, *"Au fil des jours...". Prosa e poesia francese nel tempo*, presentazione di Anna Maria Finoli, 2002.

110. Pier Antonio Borgheggiani, *Ordre et caprice. De Bonstetten à Bourget*, 2002. Schena - Presses de l'Université de Paris-Sorbonne.

111. *La zingara*. Atti del Convegno internazionale, Martina Franca, 3-4 agosto 2001, a cura di Giovanni Dotoli, 2003.

112. Charles Mazouer, *Le Théâtre d'Arlequin. Comédies et comédiens italiens en France au XVIIe siècle*, préface de Giovanni Dotoli, 2002. Schena - Presses de l'Université de Paris-Sorbonne.

113. *Où va la poésie française au début du troisième millénaire?*, Actes du Colloque de Bari, 14 janvier 2002, sous la direction de Giovanni Dotoli, 2002. Schena - Presses de l'Université de Paris-Sorbonne.

114. *Il Canada del nuovo secolo. Gli archivi della memoria*. Atti del Convegno internazionale, Monopoli, 30 maggio-3 giugno 2001, a cura di Giovanni Dotoli, 2002.

115. Ida Merello, *Charles Guérin*, 2002.

116. *Bruto il Maggiore nella letteratura francese e dintorni.* Atti del Convegno internazionale, Verona 3-5 maggio 2001, a cura di Franco Piva, 2002.

117. Ylenia De Luca, *La poesia quebecchese tra tradizione e postmodernità.* Claude Beausoleil, Prefazione di Giovanni Dotoli, 2002.

118. Larry F. Norman, Philippe Desan, Richard Strier, *Du spectateur au lecteur. Imprimer la scène aux XVIe et XVIIe siècles*, 2002. Schena - Presses de l'Université de Paris-Sorbonne.

119. Dima Hamdan, *Victor Segalen et Henri Michaux: deux visages de l'exotisme dans la poésie française du XXe siècle*, 2002. Schena - Presses de l'Université de Paris-Sorbonne.

120. Giovanni Dotoli, *La poésie française au début du troisième millénaire ou l'énigme fragile*, 2002. Schena - Presses de l'Université de Paris-Sorbonne.

121. *Stratégies Narratives 2. Le roman contemporain*, Actes du Colloque de Gênes, 14-15 décembre 2001, sous la direction de Rosa Galli Pellegrini, 2003. Schena - Presses de l'Université de Paris-Sorbonne.

122. Francis Assaf, *1715. Le Soleil s'éteint*, 2002. Schena - Presses de l'Université de Paris-Sorbonne.

123. Giovanni Dotoli, *Baudelaire-Hugo. Rencontres, ruptures, fragments, abîmes*, 2003. Schena - Presses de l'Université de Paris-Sorbonne.

124. Carolina Diglio, *Il gioco delle parti in Hervé Guibert*, 2003.

125. *Scrivere e pensare il Canada.* Atti del Seminario internazionale di Studi, Monopoli 14-15 ottobre 2002, a cura di Giovanni Dotoli, 2003.

126. Silva Del Zotto, *"Matchspurts": bagliori nella tenebra. Studio sulla poesia amorosa di Irving Layton*, 2003.

127. Francesco Asole, *Il teatro di Michel de Ghelderode*, 2003.

128. Lauro-Aimé Colliard, *Un ami savoyard du cardinal Bessarion: Guillaume Fichet, ancien Recteur de l'Université de Paris*, préface de Louis Terreaux. 2004 Schena - Presses de l'Université de Paris-Sorbonne.

129. Fernando Schirosi, *Il pensiero politico di Victor Hugo in* Le Rhin. La Leggenda di Pecopino e Baldura - *Lettera XXI*, 2004.

130. *Trois études sur le roman de l'extrême contemporain. Marie NDiaye, Sylvie Germain, Michel Chaillou*, sous la direction de Rosa Galli Pellegrini, 2004. Schena - Presses de l'Université de Paris-Sorbonne.

131. Giovanni Dotoli, *Littérature et société en France au XVIIe siècle*, vol. IV, 2004. Schena - Presses de l'Université de Paris-Sorbonne.

132. Giovanni Dotoli, *Le jeu de Dom Juan*, Préface de Pierre Brunel, 2004. Schena - Presses de l'Université de Paris-Sorbonne.

133. *Ecriture et anatomie. Médecine, Art, Littérature.* Atti del Convegno internazionale, Monopoli, 2-4 ottobre 2003, a cura di Giovanni Dotoli, 2004.

134. *I colori del Canada.* Atti del Seminario di studi canadesi, Pescara, 28-29 novembre 2003, a cura di Giovanni Dotoli, 2004.

135. Annie Brudo, *Le langage en représentation. Essai sur le théâtre de Balzac*, 2004. Schena - Presses de l'Université de Paris-Sorbonne.

136. Giovanni Dotoli, *Rimbaud, l'Italie, les Italiens. Le géographe visionnaire*. 2004. Schena - Presses de l'Université de Paris-Sorbonne.

137. Giovanni Dotoli, *Rimbaud ingénieur*, préface d'Alain Tourneux. 2005. Schena - Presses de l'Université de Paris-Sorbonne.

138. *Culture e Letterature di lingua francese in Canada*, Atti del Seminario internazionale, Monopoli, 17-19 maggio 2004, a cura di Giovanni Dotoli, 2005.

III. TRADUTTOLOGIA

diretta da Giovanni Dotoli

1. Anna Maria Raugei, *La Navigazione di San Brendano. Versione italiana del ms. Bologna, Bibl. Univ. 1513*, 1984.

2. Maria Carla Marinoni, *La versione valdese del libro di Tobia*, 1986.

3. Wojciech Solinski, *Traduzione artistica e cultura letteraria*, Intr. di Giovanni Dotoli, 1992.

4. Mario Mormile, *Storia dei dizionari bilingui italo-francesi. La lessicografia italo-francese dalle origini al 1900, con un Repertorio bibliografico di tutte le opere lessicografiche italiano-francese e francese-italiano pubblicate*, 1993.

5. Bicentenario leopardiano, 1798-1998, *Leopardi's Canti*, Translated into English Verse by Joseph Tusiani, Intr. and Notes by Pietro Magno, Pref. by Franco Foschi, 1998.

IV. LINGUISTICA

diretta da Giovanni Dotoli, Mirella Conenna, Jean Pruvost e Alain Rey

1. Annibale Elia, *Le verbe italien. Les complétives dans les phrases à un complément*, 1984. Schena - Nizet.

2. Fulvia Fiorino, *La lingua del viaggiatore francese*, 1994.

3. *Teledidattica e insegnamento delle lingue straniere*. Atti del Convegno internazionale di Monopoli, 21-23 giugno 1996, a cura di Giovanni Dotoli. 1998.

4. *I centri linguistici di Ateneo: una risorsa per l'Europa del 2000*. Atti del Convegno internazionale di Monopoli, 29.5-2.6.1997, a cura di Giovanni Dotoli, 1998.

5. Dominique Bouhours, *Doutes sur la langue françoise*. Proposez à messieurs de l'Académie françoise par un gentilhomme de province (1674). Intr. par Giovanni Dotoli, établ. du texte, notes, bibl. et index par Fulvia Fiorino, 1998, Schena - Didier Érudition.

6. Maria Grazia Albano, *Linguistic Studies and Reflections on English in Medicine*, 1998.

7. Pantaleo Minervini, *La lingua italiana alle soglie del Duemila: analisi e prospettive*, 1998.

8. Abbé Gabriel Girard, *La justesse de la langue françoise ou les différentes significations des mots qui passent pour synonymes*, texte établi, présenté et annoté par Maria Gabriella Adamo.1999. Schena - Didier Érudition.

9. Paola Salerni, *La langue française par les nouvelles technologies*, 2000. Schena - Didier Érudition.

10. Vincenza Costantino, *A pleins slogans. Jeux et enjeux du langage de la publicité*, 2000. Schena - Didier Érudition.

11. Lucia Sinisi, *The Land of Cokaygne*, 2001.

12. Christopher Williams, *Non-progressive and progressive aspect in English*, 2002.

13. Raffaele Spiezia, *Nouveaux outils et enseignement du français langue étrangère en contexte universitaire. Les cédéroms de langue française*, 2003. Schena - Presses de l'Université de Paris-Sorbonne.

14. *Il filo di Arianna. Formazione a distanza e utilizzo delle risorse Internet: un punto di vista "umanistico"*, diretto da Sergio Poli, a cura di Sergio Poli, Hélène Colombani, Elisa Bricco, Micaela Rossi, 2004.

15. *Cahier de lecture(s) de l'affiche publicitaire*, sous la direction de Mariagrazia Margarito. Textes de Mariagrazia Margarito, Paola Paissa, Françoise Rigat, Nicole Werly, 2003. Schena - Presses de l'Université de Paris-Sorbonne.

16. Ehab El-Shaer, *I problemi di trascrizione e traslitterazione dell'arabo*, 2004.

17. Françoise Bayle, *Lessico contrastivo italo-francese. Stereotipi della fauna e della flora*. Prima Parte. 2005.

18. Fulvia Fiorino, Le Nouveau Littré *et les autres*, préface de Jean Pruvost. 2005. Schena - Presses de l'Université de Paris-Sorbonne.

19. Françoise Bayle, *Realizzazioni lessicali, sigle e acronimi nei linguaggi settoriali o di specialità in Francia*. 2005.

20. Vincenza Costantino, *Chaque chose à/a sa place. L'espace et la pub*, 2004. Schena-Presses de l'Université de Paris-Sorbonne.

V. PUGLIA EUROPEA
diretta da Giovanni Dotoli

1. Giovanni Dotoli - Fulvia Fiorino, *Viaggiatori francesi in Puglia nell'800*, vol. I, 1985.

2. Giovanni Dotoli - Fulvia Fiorino, *Viaggiatori francesi in Puglia nell'800*, vol. II, 1986.

3. Giovanni Dotoli - Fulvia Fiorino, *Viaggiatori francesi in Puglia nell'800*, vol. III, 1987.

4. Giovanni Dotoli - Fulvia Fiorino, *Viaggiatori francesi in Puglia nell'800. Il viaggio di François Lenormant*, vol. IV, 1989.

5. Teodoro Scamardi, *Viaggiatori tedeschi in Puglia nel Settecento*, 1988.

6. Giovanni Dotoli - Fulvia Fiorino, *Viaggiatori francesi in Puglia nel primo '900*, 1990.

7. Gerardo Cioffari, *Viaggiatori russi in Puglia dal '600 al primo '900*, Intr. e coll. di Giovanni Dotoli, 1991.

8. Angela Cecere, *Viaggiatori inglesi in Puglia nel Settecento*, 1990.

9. Fulvia Fiorino, *Viaggiatori francesi in Puglia dal '400 al '700*, 1993. Vol. I.

10. Fulvia Fiorino, *Viaggiatori francesi in Puglia dal '400 al '700*, 1993. Vol. II.

11. Domenico Cofano, *Il crocevia occulto. Lucini, Nazariantz e la cultura del primo Novecento*, 1990.

12. Maria Luisa Herrmann - Angelo Semeraro - Raffaele Semeraro, *Viaggiatori in Puglia dalle origini alla fine dell'Ottocento. Antologia*, 1991. Nuova ed. riveduta e integrata con profili biografici, 2000.

13. Raffaele Semeraro, *Viaggiatori in Puglia dall'antichità alla fine dell'Ottocento. Rassegna bibliografica ragionata*, prefazione di Giovanni Dotoli, 1991.

14. Pantaleo Minervini, *Lettere autografe di Pietro Giannone*, 1990.

15. Federica Troisi, *La cultura inglese in Puglia tra Otto e Novecento*, 1991

16. Teodoro Scamardi, *Viaggiatori tedeschi in Puglia nell'Ottocento*, I, 1993.

17. Angela Cecere, *Viaggiatori inglesi in Puglia nell'Ottocento*, 1994.

18. Francesco De Paola, *Giulio Cesare Vanini da Taurisano filosofo europeo*, Introduzione di Giovanni Dotoli, 1998.

19. Giovanni Dotoli - Fulvia Fiorino, *Viaggiatori francesi in Puglia nell'800*, Vol. VIII, 1999.

20. *Umberto Giordano e la Francia*. Atti del Convegno Internazionale, Martina Franca 29 luglio 1998, a cura di Giovanni Dotoli, 1999.

21. Angela Cecere, *Viaggiatori inglesi in Puglia nel Novecento*, 2000.

22. Marcella Leopizzi, *Les sources documentaires du courant libertin français: Giulio Cesare Vanini*, 2004. Schena - Presses de l'Université de Paris-Sorbonne.

Giovanni Dotoli - Fulvia Fiorino, *Storia e leggenda della Basilica di San Nicola a Bari*, Ricerca fotografica di Angelo Saponara, 1987 (volume fuori collana).

VI. MEDIO EVO DI FRANCIA
diretto da Anna Maria Raugei

1. Maria Carla Marinoni, *Il glossario provenzale-italiano di Onorato Drago*, 1989.

2. Fabrizio Cigni, *Bibliografia degli studi italiani di materia arturiana (1940-1990)*, 1992.

3. Saverio Panunzio, *Baudouin de Condé. Ideologia e scrittura*, 1992.

4. Renata Anna Bartoli, *La "Navigatio Sancti Brendani" e la sua fortuna nella cultura romanza dell'età di mezzo*, 1993.

5. *Le roman du Chastelain de Coucy et de la dame de Fayel (Lille, Bibliothèque Municipale, Fonds Godefroy 50)*, a cura di Anna Maria Babbi, 1994.

6. *Le canzoni di Eustache le Peintre*, edizione critica a cura di Maria Luisa Gambini, 1997.

7. Federica Monteleone, *Il viaggio di Carlo Magno in Terra Santa*, 2003.

VII. MERIDIONI
diretti da Lino Angiuli e Raffaele Nigro

1. Gigliola De Donato, *Paradigmi meridionali*, 1988.

2. Ettore Catalano, *La maschera dimenticata. Pirandello e il plurale del teatro*, 1991.

3. Lino Angiuli, *Di ventotto ce n'è uno (parole e musica)*, 1991.

4. Raffaele Nigro, *Il grassiere. Storie e patorie per franceschiello e re vittorio ovvero canzone a ballo per pulcinelli briganti cantimpanchi e congedo finale*. Prefazione di Aldo De Jaco, con un saggio di Leonardo Mancino, fotografie di scena di Eugenio Grosso e Rocco Errico, 1992.

5. *Respirare la speranza. Omaggio a Carlo Francavilla*, a cura di Francesco Tateo e Leonardo Mancino, 1992.

VIII. MENTALITÀ E SCRITTURA
diretta da Philippe Desan e Giovanni Dotoli

1. Ciro Monteleone, *La pagina e la sapienza. Memoria sulle "antilabài" nei manoscritti senechiani*, 1989.

2. Grazia Distaso, *Strutture e modelli nella letteratura teatrale del Mezzogiorno*, 1990.

3. Pasquale Guaragnella, *Le maschere di Democrito e di Eraclito. Scritture e malinconie tra Cinque e Seicento*, 1990.

4. Giovanni Dotoli, *Letteratura per il popolo in Francia (1600-1750). Proposte di lettura della 'Bibliothèque bleue'*, 1991.

5. Carla Chiummo, *Shelley nella bottega di Pascoli*, 1992.

6. Daniele Maria Pegorari, *Dall'"acqua di polvere" alla "grigia rosa". L'itinerario del dicibile in Mario Luzi*, 1994.

7. Pietro Addante, *La "Fucina del mondo". Storicismo. Epistemologia. Ermeneutica*, 1994.

8. Dragonetto Bonifacio, *Rime*, edizione critica a cura di Raffaele Girardi, 1995.

9. Kegham Jamil Boloyan, *Arabi: cristiani e musulmani a confronto nel vicino Oriente*, prefazioni di Maurice Borrmans e Ḥannā al-Fāḫūrī, trad. dall'arabo di Antonella Straface, 2000.

10. Abate Dinouart, *L'arte di tacere, soprattutto in materia di religione*, testo della prima edizione (1771) presentato, tradotto e annotato da Anna Maria Balestrazzi, 2000.

11. Domenico Cofano, *Dantismo otto-novecentesco e altri studi*, 2000.

12. *D'un siècle à l'autre. Littérature et société de 1590 à 1610*, sous la direction de Philippe Desan et Giovanni Dotoli, 2001. Schena - Presses de l'Université de Paris-Sorbonne.

13. Suzanne Liandrat-Guigues, *Il tramonto e l'aurora. Sul cinema di Luchino Visconti*. Presentazione di Lino Micciché. Introduzione di Sandro Bernardi, Prefazione di Jean-Claude Guiguet, Traduzione e cura di Fulvia Fiorino, 2002.

14. *Alessandro Magno. Gentilhomme vénitien. Voyages (1557-1565)*, Traduction et notes de Wilfred Naar, Préface d'Alberto Tenenti. 2002. Schena - Presses de l'Université de Paris-Sorbonne.

15. Philippe Desan, *L'imaginaire économique de la Renaissance*, 2002. Schena - Presses de l'Université de Paris-Sorbonne.

16. Stefano Genetti, *Saperla corta o Forme brevi sentenziose e letteratura francese*, 2002.

17. Concetta Cavallini, *L'Italianisme de Michel de Montaigne*, Préface de Giovanni Dotoli, 2003. Schena - Presses de l'Université de Paris-Sorbonne.

18. Giovanna Devincenzo, *Marie de Gournay: un cas littéraire*, Préface de Giovanni Dotoli, 2002. Schena - Presses de l'Université de Paris-Sorbonne.

19. *Arte dello Stato e retorica in Traiano Boccalini*, Introduzione e testi a cura di Vanna Zaccaro, 2002.

20. Carolina Diglio, *Bernard-Marie Koltès. Un giovane scrittore e la sua opera*, 2003.

21. Paola Salerni, *Anarchie, langue, société. 'L'Etna chez soi' de Villiers de l'Isle-Adam*, 2004. Schena - Presses de l'Université de Paris-Sorbonne.

22. *L'uomo e il vulcano. Miti Linguaggi Paure Rischi*. Atti del Convegno Internazionale, Napoli 4-5 aprile 2003, a cura di Annalisa Aruta Stampacchia, volume I, 2004.

23. Alessandro Zanconato, *La dispute du fatalisme en France. 1730-1760*, 2004. Schena - Presses de l'Université de Paris-Sorbonne.

24. Giulio Marra, *Teatro canadese degli ultimi trent'anni. Itinerari, tecniche, tematiche*, 2004.

25. Valerio Vianello, *La scrittura del rovesciamento e la metamorfosi del genere. Paolo Sarpi tra retorica e storiografia*, 2005.

26. Gabriella Fabbricino Trivellini, *La "Correspondance" dell'abbé Galiani: Lingua, costume, società*, 2005.

IX. STUDI NOVECENTESCHI
diretti da Giovanni Dotoli

1. *Anacronie. Studi sulla nozione di tempo nel romanzo francese del Novecento*, a cura di Giovanni Bogliolo, 1989.

2. Raffaele Cavalluzzi, *Il limite oscuro. Pasolini visionario. La poesia. Il cinema*, 1994.

3. Giovanni Dotoli, *Nascita della modernità. Baudelaire, Apollinaire, Canudo, il viaggio dell'arte*, 1995.

4. Carla Chiummo, *Versi in rotativa. La poesia nei quotidiani dell'Italia giolittiana*, pres. di Elvio Guagnini, 1997.

5. *Musica, cinema e letteratura*. Atti del Convegno internazionale di Martina Franca, 29-30 luglio 1996, a cura di Giovanni Dotoli, 1997.

6. Clemente Francavilla, *Teoria della percezione visiva e psicologia della forma*, 1997.

7. Marina Zito, *Itinéraires littéraires et spirituels. Raïssa Maritain, de Saint-Denys Garneau, Anne Hébert*, préface de Giovanni Dotoli, avant-propos de Benoît Lacroix, 2004. Schena - Presses de l'Université de Paris-Sorbonne.

8. Fiore Ester de Feo, *Marguerite Duras. L'écriture du dehors*, 2004.

9. Celeste Boccuzzi, *Jehan Despert. Une œuvre placée sous le signe de la poésie*, 2004. Schena - Presses de l'Université de Paris-Sorbonne.

10. Bérénice Bonhomme, Triptyque *de Claude Simon. Du livre au film. Une esthétique du passage*, 2005. Schena - Presses de l'Université de Paris-Sorbonne.

X. PUGLIA STORICA
diretta da Liana Bertoldi Lenoci e Giovanni Dotoli

1. Centro ricerche di storia religiosa in Puglia, *Le Confraternite pugliesi in età moderna*. Atti del Seminario internazionale di studi, 29-30 aprile 1988, a cura di Liana Bertoldi Lenoci, 1988.

2. Liana Bertoldi Lenoci, *Il Sinodo di Giovinazzo. 1566. Studio e testo originale*, 1990.

3. Centro ricerche di storia religiosa in Puglia, *Le Confraternite pugliesi in età moderna 2*. Atti del Seminario internazionale di studi, 27-29 aprile 1989, a cura di Liana Bertoldi Lenoci, 1991.

4. Antonietta Latorre, *Le Confraternite di Fasano dal XVI al XX secolo. Prime indagini sull'associazionismo laicale fasanese*, 1993.

5. Centro ricerche di storia religiosa in Puglia, *Confraternite Chiesa e Società. Aspetti e problemi dell'Associazionismo Europeo Moderno Contemporaneo*, a cura di Liana Bertoldi Lenoci, 1994.

6. Centro di ricerche di storia religiosa in Puglia, *Le Confraternite laicali a Taranto dal XVI al XIX secolo*, Presentazione di Cosimo Damiano Fonseca, 1995.

7. Liliana De Venuto - Beatrice Andriano Cestari, *Santi sotto campana e devozione*, Introduzione di Liana Bertoldi Lenoci, 1996.

8. *Bracciali e Massari nella Puglia del Settecento. L'onciario di Trinitapoli*, a cura di Pietro Di Biase, 1996.

9. Liana Bertoldi Lenoci, *L'istituzione confraternale: aspetti e problemi*, 1996.

10. Centro di ricerche di storia religiosa in Puglia, *La chiesa del Purgatorio di Fasano. Arte e devozione confraternale*, a cura di Antonietta Latorre, 1997.

11. Giovanni Liuzzi, *La Confraternita dell'Immacolata dei Nobili in Martina Franca*, fotografie di Riccardo Ippolito, 2000.

12. Centro ricerche di storia religiosa in Puglia, *Un gioiello del Rinascimento adriatico. La Chiesa Matrice a Mola di Bari*, a cura di Paola Lisimberti e Antonio Todisco, presentazione di Mimma Pasculli Ferrara, 2002.

13. AA.VV., *La chiesa di San Nicola a Cisternino*, a cura di Raffaele Semeraro, presentazione di Cosimo Damiano Fonseca, 2003.

14. AA.VV., *Canosa. Ricerche storiche, 2003*, Convegno di studio, 14 dicembre 2002, a cura di Liana Bertoldi Lenoci, 2003.

15. Rocco Panzarino, *I Santi del calendario secondo il Martirologio Romano*, introduzione di Anna Maria Tripputi, prefazione di: S. Ecc. Mons. Domenico Padovano, Giovanni Dotoli, Liana Bertoldi Lenoci, 2004.

16. Antonio Michele Paradiso, *Canosa nel '700. Domenico Forges Davanzati*, presentazione di Giuseppe Poli, a cura di Liana Bertoldi Lenoci, 2005.

17. AA.VV., *Canosa. Ricerche storiche, 2004*, Convegno di studio, 7 febbraio 2004, a cura di Liana Bertoldi Lenoci, 2005.

18. Centro ricerche di storia religiosa in Puglia, *La Sacra Spina*, Atti del Convegno di studio "Memoria Christi", a cura di Liana Bertoldi Lenoci, 2005.

XI. PHILOLOGICA
diretta da Vincenzo Minervini e Ciro Monteleone

1. Ciro Monteleone, *Il «Thyestes» di Seneca. Sentieri ermeneutici*, 1991.

2. Vincenzo Minervini, *Il «Llibre del plant de l'hom»*. Versione catalana del *Liber de miseria humane conditionis* di Lotario Diacono, 1996.

3. Paolo Mazzocchini, *Forme e significati della narrazione bellica nell'epos virgiliano. I cataloghi degli uccisi e le morti minori nell'Eneide*, 2000.

4. Ciro Monteleone, *La «Terza Filippica» di Cicerone. Retorica e regolamento del Senato, legalità e rapporti di forza*, 2003.

XII. DOCUMENTI
diretti da Michel Décaudin, Giovanni Dotoli e Sergio Zoppi

1. Jean Burgos, Pierre Caizergues, Michel Décaudin, Pierre Dhainaut, *Jean-Claude Renard ou Les secrets de la chimère*. Suivi de *Poèmes inédits* par Jean-Claude Renard, 1992. Schena - Nizet.

2. *Corpus d'enquêtes 1900-1930. 1. Maurice Barrès, Paul Claudel, Romain Rolland*, Enquêtes réun. et prés. par Christine Jacquet-Pfau, Préf. de S. Zoppi et M. Décaudin, 1995. Schena - Nizet.

3. Luigi Amaro (Luigi Romolo Sanguineti), *La casa nuova. Poema tragico in quattro atti*, intr. di Sergio Zoppi, post. di Franca Bruera, in coll. con Italo Sanguineti, 1997.

XIII. EDIZIONI GENETICHE
dirette da Giovanni Dotoli

1. François Mauriac, *"Génitrix" de Genitrix. Le manuscrit et sa genèse*, présentation, transcription et notes par Pier Luigi Pinelli, 2000. Schena - Didier Érudition.

XIV. BIBLIOGRAPHICA
diretta da Vito Castiglione Minischetti e Giovanni Dotoli

1. Giovanni Dotoli - Vito Castiglione Minischetti - Paola Placella Sommella - Valeria Pompejano, *Les traductions de l'italien en français au XVIIe siècle*, 2001. Schena - Presses de l'Université de Paris-Sorbonne.

2. Jean Balsamo - Vito Castiglione Minischetti - Giovanni Dotoli, *Les traductions de l'italien en français au XVIe siècle*, en collaboration avec la Bibliothèque nationale de France, Fasano - Paris, Schena - Presses de l'Université de Paris-Sorbonne, 2005.

3. Vito Castiglione Minischetti - Giovanni Dotoli - Roger Musnik, *Bibliographie du voyage français en Italie du Moyen Age à 1914*, 2002. Schena - Presses de l'Université de Paris-Sorbonne.

4. Giovanni Dotoli, Vito Castiglione Minischetti, Paola Placella Sommella, Anna Maria Rubino, *Les traductions de l'italien en français au XVIIIe siècle*, en collaboration avec la Bibliothèque nationale de France, Fasano - Paris, 2003. Schena - Presses de l'Université de Paris-Sorbonne.

5. Giovanni Dotoli, Vito Castiglione Minischetti, Roger Musnik, Maria Teresa Puleio, Fernando Schirosi, *Les traductions de l'italien en français au XIXe siècle*, en collaboration avec la Bibliothèque nationale de France, 2004. Fasano - Paris, Schena - Presses de l'Université de Paris-Sorbonne.

6. *Les traductions de l'italien en français du XVIe au XXe siècle*, Actes du Colloque International, Monopoli 4-5 octobre 2003, par Giovanni Dotoli, 2004. Schena - Presses de l'Université de Paris-Sorbonne.

7. Carolina Diglio, *Un ventennio di critica koltesiana*, prefazione di Marco Modenesi, 2005.

XV. TRANSATLANTIQUE
diretta da Giovanni Dotoli e Ralph Heyndels

1. *Les modernités de Victor Hugo*, textes édités par David Ellison et Ralph Heyndels, 2004. Schena - Presses de l'Université de Paris-Sorbonne.

2. *Hugo et l'histoire*, textes édités par Suzanne Nash et Léon-François Hoffmann, 2005. Schena - Presses de l'Université de Paris-Sorbonne.

3. *L'Invraisemblance du pouvoir. Mises en scène de la souveraineté au XVIIe siècle*, textes réunis par Jean-Vincent Blanchard et Hélène Visentin, 2005. Schena - Presses de l'Université de Paris-Sorbonne.

4. *Rimbaud et la modernité*. Actes du Colloque de Naples, 6-7 décembre 2004, textes édités par Giovanni Dotoli et Carolina Diglio, 2005. Schena - Presses de l'Université de Paris-Sorbonne.

Redazione:

Dipartimento di Lingue e Letterature Romanze e Mediterranee
Facoltà di Lingue e Letterature Straniere - Università degli Studi
Via Garruba, 6 - 70122 BARI (Italia)
Tel. 0039.080.571.74.37/41 - Fax 0039.080.571.75.34/33

E-mail : g.dotoli@lingue.uniba.it

Sito web: www.giovannidotoli.com

La "Biblioteca della Ricerca" si trova nelle seguenti librerie italiane

Aosta
Librairie Française
28 rue de Tilhier

Bari
Adriatica Editrice
Via A. Da Bari, 119

Libreria di cultura popolare
Via Crisanzio, 12

Laterza
Via Sparano, 134

Bologna
Feltrinelli
P.zza Favegnana, 1

Rizzoli
Via Rizzoli, 8

Cagliari
F.lli Cocco
Via Manno, 9

Catania
La Cultura
P.zza Vitt. Emanuele, 9

Buonaccorso Carmelo
Via Etnea, 20/22

Fasano
Schena
Via Egnazia, 66

Firenze
Internazionale Seeber
Via Tornabuoni, 68/r

Librairie Française
Piazza Ognissanti, 1r
Tel. 055/212659

Genova
Feltrinelli
Via P. E. Bensa, 32/R

L'Aquila
Cosacchi
Via A. Bafile, 9

Lecce
Adriatica Ed. Salentina
P.zza Arco di Trionfo, 7

Milella
Via Palmieri, 30

Milano
Feltrinelli Lib. Manzoni
Via Manzoni, 12

La Goliardica
Via Festa del Perdono, 12

Librairie Française
Via S. Pietro all'Orto, 10
Tel. 02/76001767

Napoli
Marotta
Via Dei Mille, 78

Librairie "Henri Bosco"
Via F. Crispi, 86
Tel. 081/613499

Padova
Cortina
Via Marzolo, 2

Feltrinelli
Via S. Francesco, 14

Parma
Feltrinelli
Via Repubblica, 2

Pavia
Garzanti Aldo
Pal. Università

Perugia
Le Muse
C.so Vannucci

Pescara
Lib. Dell'Università
Via Gramsci, 25

Pisa
Feltrinelli
C.so Italia, 117

Roma
Tombolini P.E.C.
Via IV Novembre, 146

Feltrinelli
Via V. E. Orlando, 84/86

Librairie "La Procure"
Largo Toniolo, 22
Tel. 06/68307598

Salerno
Lib. Internazionale
P.zza XXIV Maggio, 10

Sassari
L.I.S.A.C.
P.zza Università, 1/A

Siena
Feltrinelli
Banchi di Sopra, 64/66

Torino
La Goliardica
Via V. Vela, 32

O.O.L.P. Lib. Internaz.
Via Principe Amedeo, 29

Librairie Française
Via Bogino, 6
Tel. 011/836772

Trieste
Italo Svevo
C.so Italia, 22

Udine
Tarantola
Via Vittorio Veneto, 20

Urbino
La Goliardica
P.zza Rinascimento, 7

Venezia
La Goliardica
Via Crosera st. Pantalon, 3950

Librairie San Giovanni e Paolo
6358 Castello
Tel. 041/5229659

Verona
Rinascita
Via Corte Farina, A